T0161715

SUR L'HISTOIRE DE LA PHILOSOPHIE

HUSSERL
À LA MÊME LIBRAIRIE

Méditations cartésiennes, Introduction à la phénoménologie, traduction par G. Pfeiffer et E. Levinas, avant-propos par J.-F. Courtine, 1992.

Introduction à la logique et à la théorie de la connaissance (1906-1907), traduction par L. Joumier, préface par J. English, 1998.

Leçons sur la théorie de la signification, introduction par U. Panzer, traduction et notes par J. English, 1995.

Phénoménologie de l'attention, introduction, traduction et lexique par N. Depraz, 2009.

Psychologie phénoménologique (1925-1928), introduction, traduction et notes par P. Cabestan, N. Depraz et A. Mazzù, 2001.

Sur le Renouveau. Cinq artciles, introduction, traduction et notes par L. Joumier, 2005.

HUSSERL et TWARDOWSKI (K.), *Sur les objets intentionnels*, introduction, traduction et notes par J. English, 1993.

HUSSERL, STUMPF (C.), EHRENFELS (C. von), MEINONG (A.), TWARDOWSKI (K.) et MARTY (A.), *À l'école de Brentano. De Würzburg à Vienne*, traduction sous la direction de D. Fisette et G. Fréchette, 2007.

BIBLIOTHÈQUE DES TEXTES PHILOSOPHIQUES

Fondateur H. GOUHIER   Directeur J.-F. COURTINE

E. HUSSERL

SUR L'HISTOIRE
DE LA PHILOSOPHIE

Choix de textes

Présentation, traduction
par
Laurent PERREAU

*Ouvrage traduit avec le concours
du Centre national du livre*

PARIS
LIBRAIRIE PHILOSOPHIQUE J. VRIN
6, Place de la Sorbonne, V^e
2014

© *Librairie Philosophique J. VRIN,* 2014
Imprimé en France

ISSN 0249-7972
ISBN 978-2-7116-2534-5

www.vrin.fr

AVERTISSEMENT

Le présent recueil rassemble les traductions des textes n° 32, 33 et 34 dans le *Husserliana XXIX. Die Krisis der europäischen Wissenschaften und die transzendentale Phänomenologie. Ergänzungsband. Texte aus dem Nachlass 1934-1937*, édité par Reinhold N. Smid, Dordrecht/Boston/ London, Kluwer Academic Publishers, 1993.

Le texte n° 32 constitue le texte principal de ce recueil. Il est intitulé « Teleologie in der Philosophiegeschichte » (*La téléologie dans l'histoire de la philosophie*). Il fut rédigé en deux temps, à la fin du mois de juin 1936 (pour la fin du texte, de la page 403 à la page 420 dans l'édition originale), puis vers la fin du mois de juin 1937 et au cours de juillet 1937 (pour la première partie du texte, de la page 362 à la page 403 dans l'édition originale).

Les textes n° 33 et 34 datent tous deux de l'été 1937. Ils complètent et prolongent le propos développé dans le texte n° 32.

Les passages entre crochets obliques <> sont dus à l'éditeur.

Les notes de bas de page sont de Husserl, sauf indication spécifique.

Les passages entre crochets [ ] sont du traducteur. Ils sont destinés à rendre plus clair le sens ou la construction de certaines phrases traduites.

La pagination de l'édition originale des textes extraits du *Husserliana XXIX* est indiquée en marge et certains termes allemands sont indiqués entre crochets.

Le traducteur remercie Stéphane Gödicke pour son aide et ses conseils.

PRÉFACE

L'ouvrage désormais bien connu sous le titre *La crise des sciences européennes et la philosophie transcendantale* (*Die Krisis der europäischen Wissenschaften und die transzendentale Phänomenologie*) est – on tend parfois à l'oublier – une compilation de textes tardifs due aux soins de l'éditeur du volume VI des *Husserliana*, Walter Biemel[1]. Cette composition rassemble un article publié par Husserl en 1936 dans la revue *Philosophia* dirigée par Arthur Liebert (§ 1-27), un manuscrit husserlien dactylographié par Eugen Fink, alors assistant de Husserl (§ 28-71), que complètent encore deux autres textes (§ 72 et 73). Ces différents éléments forment ainsi le *Haupttext* de la *Krisis*, qu'accompagnent diverses « annexes » (dont la fameuse *Conférence de Vienne* prononcée en 1936) et autres « appendices ».

---

1. E. Husserl, *Husserliana VI. Die Krisis der europäischen Wissenschaften und die transzendentale Phänomenologie. Eine Einleitung in die phänomenologische Philosophie* (1935-1937), W. Biemel (hrsg.), Den Haag, M. Nijhoff, 1954 (abrégé *Hua VI*) [trad. fr. par G. Granel et J. Derrida, *La crise des sciences européennes et la phénoménologie transcendantale*, Paris, Gallimard, 1976 (abrégé *La crise des sciences...*)].

La constitution même du *Haupttext* atteste de l'inachè-
vement de l'œuvre, qui devait initialement prendre la forme
d'une série de publications dans la revue *Philosophia*. Or
seules les deux premières parties de la *Krisis* (les § 1-27) furent
effectivement publiées dans cette revue, au terme d'une
intense année d'écriture, de relectures et de corrections, en
1936. Dans le courant de l'été 1936, Husserl avait également
rédigé la troisième partie de la *Krisis* (§ 28-71), mais elle ne fût
pas immédiatement dactylographiée et demeura impubliée du
vivant de Husserl. Le projet de continuation de la *Krisis* dû à
E. Fink nous renseigne utilement sur la teneur de ce qui avait
été envisagé pour la quatrième section (« L'idée de la reprise
de toutes les sciences dans l'unité de la philosophie transcendantale ») et pour la cinquième et ultime section (« La tâche
imprescriptible de la philosophie : l'auto-responsabilité de
l'humanité »)[1]. C'est sur la foi de ce projet que Walter Biemel
avait inclus, dans son édition de la *Krisis*, les paragraphes 72
et 73.

Si la logique éditoriale du texte principal de la *Krisis*, sous
la forme que nous connaissons, paraît pleinement justifiée, elle
court cependant le risque de faire passer pour œuvre composée
et finie un ensemble textuel qui demeure fondamentalement
épars et inachevé. Husserl lui-même ne voyait dans la *Krisis*
que des travaux préparatoires en vue d'analyses ultérieures,
comme le rappelle une lettre à Roman Ingarden datée du 31
décembre 1936[2]. Et il convient de rappeler que la *Krisis* n'est

1. *Hua VI*, appendice XXIX, p. 515-516 [*La crise des sciences...*,
p. 570-571].
2. E. Husserl, *Briefe an Roman Ingarden. Mit Erläuterungen und
Erinnerungen an Husserl*, par R. Ingarden (hrsg.), Den Haag, Martinus Nijhoff,
1968, p. 100.

en définitive que la partie émergée d'un vaste iceberg textuel, dont les volumes *XXIX* et *XXXIX* des *Husserliana* précisent les contours et détaillent les différents reliefs, en donnant à lire une multitude de textes qui forment cortège autour de la dernière publication de Husserl[1].

Le texte central du présent recueil, *La téléologie dans l'histoire de la philosophie*, est de ceux-ci. Il s'agit là de l'un des tout derniers textes de Husserl, avec les textes 33 et 34 du *Husserliana XXIX* (également traduits dans ce recueil) et l'appendice *XIII* de la *Krisis*, rédigés eux aussi au cours de l'été 1937[2]. Il s'inscrit directement dans le projet d'une suite qui devait être donnée au premier « traité » de la *Krisis* paru en 1936. En effet, la cinquième et ultime section du « projet de continuation de la *Krisis* dû à Fink » que présente l'appendice *XXIX* de la *Krisis* porte la désignation thématique suivante : « La tâche imprescriptible de la philosophie : l'auto-responsabilité de l'humanité »[3]. À la différence des autres sections envisagées par Fink, il n'est fait mention d'aucune autre indication susceptible de préciser la teneur du propos projeté, mais le titre de cette dernière section suffit néanmoins pour cerner l'unité thématique d'une série de textes qui développent une sorte d'éthique de l'activité philosophique. Le thème de la

1. E. Husserl, *Husserliana XXIX. Die Krisis der europäischen Wissenschaften und die transzendentale Phänomenologie. Ergänzungsband.* Texte aus dem Nachlass 1934-1937, par R. N. Smid (hrsg.), Dordrecht/Boston/London, Kluwer, 1993 et *Husserliana XXXIX. Die Lebenswelt. Auslegungen der vorgegebenen Welt und ihrer Konstitution. Texte aus dem Nachlass (1916-1937)*, par R. Sowa (hrsg.), Dordrecht, Springer, 2008.

2. L'appendice XIII de la *Krisis* devait constituer l'introduction du second article que Husserl comptait livrer à la revue *Philosophia*.

3. *Hua VI*, appendice XXIX, p. 516 [*La crise des sciences...*, p. 571].

« tâche » que constitue la philosophie innerve en effet le célèbre paragraphe 73 de la *Krisis*, puisque ce dernier conçoit « la philosophie comme auto-méditation de l'humanité, auto-effectuation de la raison » [1]. Il est au cœur des appendices *XIII*, *XXIV* à *XXVIII* de la *Krisis* [2]. Il est présent dans un grand nombre de textes du volume *XXIX* des *Husserliana*, en particulier les textes n° 1, 4, 5, 10, 21, 24 et 30. C'est dans cet ensemble que le texte « Teleologie in der Philosophie-geschichte » trouve sa place et son sens.

Son intérêt particulier réside dans son caractère synthétique. En privilégiant l'axe d'une réflexion portant sur la « téléologie » qui se révèle dans l'histoire de la philosophie, il coordonne et scelle l'unité de ces réflexions portant sur la spécificité de l'activité philosophique, sur son sens éthique, sur son rapport à l'histoire de la philosophie en général.

Au-delà du contexte déterminé de sa rédaction, on peut aussi considérer que ce texte se situe dans le droit fil de nombreuses réflexions consacrées par Husserl à la question de la définition de l'activité philosophique. Depuis les *Recherches Logiques* de 1901, Husserl n'a cessé de se revendiquer de l'idéal d'une philosophie qui serait enfin science : science « rigoureuse » en tant qu'elle représenterait authentiquement l'idéal de scientificité, science fondamentale en tant qu'elle constituerait une « philosophie première » au service des autres sciences. Husserl aura consacré des efforts non négligeables en vue d'expliciter cette conception. Il y revient inlassablement, dans l'article de 1911 *La philosophie*

---

1. *Hua VI*, § 73, p. 269 [*La crise des sciences...*, p. 298].
2. *Hua VI*, appendice XIII, p. 435-445 ; appendices XXIV-XXVIII, p. 485-513 [*La crise des sciences...*, p. 581-492 ; p. 538-568].

comme science rigoureuse[1], dans les articles de 1923-1924 pour la revue *Kaizo* intitulés *Sur le Renouveau*[2], ou encore dans les cours de *Philosophie première*[3]. Dans la dernière période de l'œuvre cependant, avec le douloureux constat qui s'y énonce, celui d'une crise de la science et de rationalité, la question du sens de l'activité philosophique se trouve lestée de nouveaux enjeux éthiques : ce n'est plus simplement la définition de la philosophie « comme science » qui est en cause, mais bien plutôt « l'auto-responsabilité » (*Selbstverantwortung*) du sujet, le sens d'une humanité personnelle et communautaire que le philosophe, aux yeux de Husserl, doit illustrer exemplairement[4].

C'est précisément ce lien entre l'éthique individuelle du philosophe et le legs de l'histoire de la philosophie, par-delà

1. *Husserliana XXV. Aufsätze und Vorträge (1911-1921)*, T. Nenon et H.-R. Sepp (hrsg.), Dordrecht/Boston/Lancaster, Kluwer, 1987 [trad. fr. par M. de Launay, *La philosophie comme science rigoureuse*, Paris, P.U.F., 1989].

2. *Husserliana XXVII. Aufsätze und Vorträge 1922-1937*, T. Nenon et H.-R. Sepp (hrsg.), Dordrecht/Boston/London, Kluwer, 1989, p. 3-124 [trad. fr. par L. Joumier, *Sur le renouveau. Cinq articles*, Paris, Vrin, 2005].

3. *Husserliana VII. Erste Philosophie (1923/1924). Erster Teil : Kritische Ideengeschichte*, R. Boehm (hrsg.), Den Haag, M. Nijhoff, 1956 [trad. fr. par A. L. Kelkel, *Philosophie première (1923/1924). Première partie. Histoire critique des idées*, Paris, P.U.F., 1970] et *Husserliana VIII. Erste Philosophie (1923/1924). Zweiter Teil : Theorie der phänomenologischen Reduktion*, R. Boehm (hrsg.), Den Haag, M. Nijhoff, 1959 [trad. fr. par A. L. Kelkel, *Philosophie première (1923/1924). Deuxième partie. Théorie phénoménologique de la réduction*, Paris, P.U.F., 1972].

4. Nous renvoyons en particulier au texte « Meditation über die Idee eines individuellen und Gemeinschaftslebens in absoluter Verantwortung » figurant en annexe au *Hua VIII*, p. 193-202 [trad. fr. par nos soins, « Méditation sur l'idée d'une vie individuelle et communautaire absolument responsable », *Alter. Revue de Phénoménologie*, 13, 2005, p. 279-288].

ses vicissitudes, que le texte «Teleologie in der Philosophie-
geschichte» s'efforce d'établir. Husserl y défend l'idée que
le sens de l'histoire de la philosophie est téléologiquement
prescrit par la visée de sa fin, par l'idéal d'une philosophie
accomplie comme science rigoureuse ou connaissance ration-
nelle intégrale de l'ensemble de ce qui apparaît. La singularité
du texte réside dans l'insistance mise par Husserl à souligner
les enjeux éthiques d'une telle philosophie de l'histoire de la
philosophie. Ainsi n'importe-t-il pas seulement de restituer le
sens méconnu ou oublié de l'histoire de la philosophie : ce
qu'il convient de déterminer, c'est la nature du rapport éthique
que le philosophe entretient à l'égard de l'histoire de la philosophie, c'est le sens même de la «tâche» que constitue la
philosophie.

L'histoire de la philosophie présente en effet aux yeux de
Husserl une remarquable unité téléologique, celle d'une tâche
restant à accomplir. Loin de procéder d'un finalisme arbi-
traire, cette unité s'avère dans l'immanence du devenir historique, comme affirmation continue de l'exigence de réalisation
d'une philosophie une et unique, qui serait enfin science rigoureuse. Comme on le sait, Husserl en découvre l'origine la
plus lointaine dans la philosophie grecque. Par le biais de la
confrontation avec des traditions de pensée étrangères, par le
dépassement de l'explication mythologique, la philosophie
grecque a progressivement pris conscience du sens de l'objectivité, de sa validité valant pour tout sujet. Elle a surmonté
l'allant de soi de la *doxa*, les évidences naïves de la vie quotidienne. En concevant l'universel et l'infini, elle s'est assi-
gnée la tâche d'une connaissance de toute chose. Elle a ainsi
légué à l'ensemble de l'histoire de la philosophie une exigence fondamentale, qui aura perduré par-delà le divers,
parfois conflictuel, des philosophies. Il s'agit d'une tâche

éminemment « socialisante », qui scelle l'unité de la vaste communauté des philosophes et des prétendants à la philosophie. Il y a ainsi dans l'histoire de la philosophie une aspiration foncière à une philosophie unitaire, même si celle-ci n'opère pas ouvertement, mais à la manière d'un instinct, comme une tendance œuvrant sourdement dans l'histoire.

Tout l'enjeu des analyses husserliennes n'est cependant pas de produire une interprétation philosophique supplémentaire de l'histoire de la philosophie, ni même de situer la phénoménologie comme son terme le plus heureux, mais bien la prise de conscience, par le sujet philosophant, de cette unité téléologique foncière de l'histoire de la philosophie. Husserl y insistait déjà dans la *Krisis* : « Une réflexion historique en retour, telle que celle dont nous parlons, est ainsi véritablement une très profonde auto-méditation sur la compréhension de soi-même [...] »[1]. La considération rétrospective de l'histoire de la philosophie va donc de pair avec l'analyse que le philosophe peut développer de sa propre activité. Celle-ci procède de ce qu'il appelle une « auto-méditation » (*Selbstbesinnung*), c'est-à-dire d'une forme bien particulière de retour sur soi. Car il ne s'agit pas de procéder à une réflexion de style cartésien ou encore de procéder à l'analyse critique de la portée et des limites de nos facultés, sur un mode kantien. L'auto-méditation se comprend avant tout comme une reprise de sens, une réappropriation de ce qui gît dans l'histoire. Elle s'inaugure d'une prise de conscience et se prolonge avec l'approfondissement de la considération de l'histoire qui révèle l'étendue et la continuité de l'unité téléologique. Elle s'achève par l'assomption personnelle de la philosophie comme tâche, occasion d'une transformation de soi qui donne accès à une

---

1. *Hua VI*, § 15, p. 73 [*La crise des sciences...*, p. 83].

forme bien particulière de responsabilité. Reprendre à son compte l'histoire de la philosophie, c'est assumer son unité téléologique pour en faire une vocation personnelle à la raison et c'est aussi, du même coup, se rendre mieux à même d'apprécier l'unité téléologique de l'histoire de la philosophie. Le sens téléologique de l'histoire de la philosophie n'est donc pas une idée régulatrice. Il présente une dimension factuelle puisqu'il s'avère dans l'histoire même de la philo-sophie, même s'il requiert une mise au jour spécifique, une « clarification » susceptible de la restaurer dans l'évidence.

Paradoxalement, c'est donc la révélation des tendances qui agissent de manière sous-jacente dans l'histoire de la philo-sophie, la mise au jour d'un sens latent mais persistant, qui fournit l'occasion d'une reprise active, pleinement assumée de la tâche nommée « philosophie ». La dimension instinctive de la raison se découvre dans l'histoire de la philosophie et vaut en retour, au plan personnel, comme une remarquable inci-tation à la philosophie, comme une insigne motivation à la raison. Le registre de la téléologie demeure en ce sens insé-parable de celui de la phénoménologie génétique, qui analyse l'œuvre de « synthèses passives » et aura largement contribué à réhabiliter la considération de la passivité du sujet, jusqu'à sa dimension instinctive et pulsionnelle. La conception husser-lienne de la téléologie est une tentative originale pour fonder la responsabilité individuelle à partir de l'histoire, en reconsi-dérant celle-ci depuis la découverte phénoménologique de la dimension dynamique, téléologique de l'intentionnalité, la-quelle n'est pas simple conscience d'objet, mais tension de l'acte de conscience vers sa propre réalisation. C'est à ce titre que Husserl a pu y voir une voie d'accès à la phénoménologie, comme à la philosophie en tant que telle.

Les circonstances bien particulières dans lesquelles ce texte fut rédigé ne doivent pas être méconnues, car elles éclairent sa signification de manière décisive. On sait que depuis les articles pour la revue *Kaizo*, Husserl a une conscience aigüe de la crise qui affecte l'Europe. Sans négliger ses dimensions économiques, politiques, sociales et morales, il situe le principe de cette crise dans la déficience des sciences contemporaines, dans une crise de la scientificité elle-même, dans l'incapacité de la philosophie à se faire science. Cependant, à partir des années 1930, Husserl constate que la philosophie « authentique », au sens où il la comprend, se trouve menacée dans son essence comme dans son exercice.

En effet, Husserl a vu certains de ses meilleurs élèves prendre publiquement position en faveur du parti nazi (Heidegger), ou contribuer directement à la philosophie officielle de ce même parti (O. Becker). En 1935, en raison de ses origines juives, Husserl se voit interdit d'enseignement. Durant l'été 1936, son nom est rayé des registres de l'Université allemande. En juin 1937, on lui refuse l'autorisation de se rendre au Congrès international de philosophie qui devait se tenir à Paris au mois d'août suivant. Husserl publie ses derniers textes à Belgrade, car il lui était devenu difficile de les faire paraître en Allemagne. En juillet 1937, à soixante-dix huit ans, il entreprend de déménager à la périphérie de Fribourg pour quitter un immeuble où logeaient également un *S. A.* et un *Obersleutnant* en retraite, afin d'éviter remarques humiliantes et dénonciations[1].

---

1. Sur l'ensemble de ces données, nous renvoyons à K. Schuhmann, *Husserl-Chronik. Denk- und Lebenswerk Edmund Husserls. Husserliana Dokumente I*, Den Haag, Kluwer Academic Publishers/Springer, 1977.

L'invitation à la reprise personnelle et responsable de la tâche « philosophie » qui se découvre dans le texte principal de ce recueil vaut donc, dans ces circonstances, comme un acte ultime de résistance philosophique devant la montée de la barbarie. De ce point de vue, il est aussi tout à fait juste d'affirmer, comme le fait l'éditeur de l'édition originale, que ce texte constitue le « testament philosophique de Husserl » [1].

Les deux textes qui complètent le texte principal du présent recueil figurent également dans le volume XXIX des *Husserliana*, où ils lui succèdent. Le premier précise une distinction entre deux types d'« institutions originaires », relative et absolue, et prolonge directement le propos du texte qui le précède. Le second porte un regard critique sur les *Idées directrices...* de 1913 et souligne l'attachement ultime de Husserl à la « voie historique » d'accès à la phénoménologie et à la philosophie.

Laurent Perreau
CNRS/Université de Picardie Jules Verne
Membre du CURAPP-ESS (UMR 7319)
Membre associé aux Archives Husserl de Paris

---

1. *Hua XXIX*, p. LXIII.

LA TÉLÉOLOGIE DANS L'HISTOIRE DE LA PHILOSOPHIE

<LE BUT DES MÉTIERS SUR L'HORIZON DU TEMPS>

<a) *Introduction : le but du métier de philosophe en
comparaison avec d'autres métiers*>

| La téléologie que nous prenons maintenant pour thème, **362**
en tant qu'essentialité propre à l'histoire de la philosophie, ne
désigne naturellement rien moins qu'une substruction métaphysique se recommandant comme toujours avec trop d'insistance, par exemple l'une de celles, de caractère métaphysico-
théologique, que l'on pourrait citer en exemple en vue d'une
« résurrection de la métaphysique », conformément à la mode
qui règne dans la littérature philosophique contemporaine
(qui cherche derrière chaque buisson philosophique le christia-
nisme sécularisé, qui s'y cache « évidemment »). Et des attestations concrètes, obtenues à partir de l'histoire prédonnée
elle-même, doivent en tout premier lieu faire naître pour ce
terme de « téléologie » la seule signification qui sera pour nous
en question. Toutes les autres significations traditionnelles du
mot n'entrent pas, pour nous, en ligne de compte.

Revenons tout d'abord sur des idées étroitement reliées les
unes aux autres, auxquelles on a partout eu recours dans les

363 interprétations historiques | du précédent article[1], comme s'il
s'agissait de faits facilement compréhensibles et irréfutables,
sans qu'une fondation approfondie ne leur ait été consacrée.
Nous devons à présent considérer celle-ci d'un peu plus près.
Pour cela, il faut déjà tenir compte du fait que la philosophie est
l'idée d'une tâche unitaire se perpétuant par héritage intersubjectivement dans l'histoire de la philosophie, une idée qui
a fait irruption dans l'histoire européenne par l'intermédiaire
d'une « institution originaire » due à quelques-uns des premiers philosophes, des hommes qui, les premiers, ont conçu le
projet « philosophie » et ont consacré leur vie à sa réalisation.
Ainsi apparut un nouveau type de « métiers », sans doute
inutiles d'un point de vue pratique aux yeux du *common sense*
et pourtant semblables aux autres métiers, par exemple aux
métiers artisanaux liés par leurs activités à des époques de
métiers, et aussi, semblablement, se propageant comme eux
dans la socialité et de génération en génération. Cette propagation s'effectue à chaque fois avec une idée téléologique qui
conserve son unité en dépit de sa modification dans le cours de
l'histoire (à titre d'exemple : si changeantes que soient les
modes, il incombe toujours aux cordonneries de fabriquer des
bottes).

Cependant, en dehors de ce point commun avec d'autres
idées téléologiques, telles que les idées et formations téléologiques artisanales, l'idée téléologique « philosophie » et les
philosophies qui doivent être ses réalisations présentent des
particularités auxquelles se réfère précisément le sens particulier de cette unité « téléologique » qui nous intéresse
dans l'histoire de la philosophie. Il y a donc là bien plus

1. [Husserl fait allusion à l'article paru en 1936 dans la revue *Philosophia*,
auquel il espérait donner suite.]

qu'une historicité « téléologique » au sens large, qui serait à prendre ici et partout, identiquement. Identiquement, dans la mesure où nous devons bien admettre que tous les métiers ont leur historicité à partir de l'institution originaire d'une idée téléologique, qu'ils se perpétuent à partir de là intersubjectivement d'une manière compréhensible et qu'ils déterminent ainsi l'unité d'une humanité de métier (au sein de l'humanité totale) comme enchaînement historique spécifique. Et tout ceci, par l'intermédiaire de la propagation des espèces correspondantes d'idées téléologiques, de tâches déterminant des métiers.

Qu'y a-t-il en revanche de spécifiquement unique dans la tâche « philosophie » ? Quelle est donc l'inouïe nouveauté qui se produisit lors de l'institution originaire de la philosophie ? Pourquoi ne voyons-nous pas seulement dans la naissance de la philosophie chez les Grecs anciens l'apparition d'une sorte de métier parmi beaucoup d'autres, comme il en surgit de manière renouvelée d'une époque historique | à une autre, mais **364** plutôt un tournant dans l'histoire tout entière de l'humanité ? Afin de parvenir à une compréhension plus profonde, hautement nécessaire, du métier de philosophe en tant qu'il a d'un côté partie liée à d'autres métiers et en tant qu'il s'en distingue radicalement d'un autre côté, engageons à présent des méditations plus précises et ce, sous la double perspective qui vient d'être définie. Tenons-nous en tout d'abord à ce qui rattache généralement [la philosophie aux autres métiers], pour le comprendre clairement.

<b) *Les métiers comme tâches définies par des buts pour la volonté persistant par habitude*>

À chaque métier correspond une tâche qui lui est propre. Il ne s'agit pas d'une tâche incombant à des hommes isolés, mais d'une tâche se communiquant à travers la vie communautaire et par la succession des générations, des époques historiques.

Il est certain que les tâches sont des buts pour la volonté persistant par habitude ; c'est au titre de préconceptions que l'être volontaire en a tout d'abord conscience, qu'il soit lui-même à leur origine ou qu'elles lui soient communiquées par autrui, comprises après coup, pour ainsi dire projetées après coup. Mais de simples préconceptions, de simples esquisses de projet ne constituent pas encore de véritables buts, c'est-à-dire des buts « posés » par l'*ego* dans un « je peux » (un *fiat* entendu au sens premier). C'est seulement par une thèse de la volonté que l'esquisse de projet devient une intention sérieuse. Mais ce terme, pris dans son sens habituel, ne désigne surtout pas quelque chose comme le simple « acte de la volonté » [*Willensakt*], c'est-à-dire le vouloir qui surgit et s'épanche dans la vie consciente en cours. Il ne désigne donc pas ce que l'on appelle aussi un « vécu » dans le « courant des vécus », parmi d'autres vécus semblables (les « actes psychiques »). C'est plutôt la thèse de la volonté avec le « contenu » qui lui est propre (le but voulu) qui institue tout simplement la volonté dirigée de manière persistante vers le but persistant, persistant par-delà l'acte momentané qui s'écoule. Par conséquent, l'énoncé « je veux » ceci ou cela ne signifie pas seulement : j'ai momentanément l'expérience vécue d'un acte du vouloir ou encore, je suis un être psycho-physique réel, appelé homme, dans l'« âme » duquel ou dans le courant de conscience duquel, quelque chose comme un vouloir se déroule comme un événement objectif – c'est-à-dire de la même manière qu'une vague survient dans un courant réel et se déroule en lui. Voilà plutôt ce qu'il y a dans ce « je veux » : je me donne ou je me suis donné préalablement le but et je suis maintenant, à partir de là, durablement – jusqu'à nouvel ordre – celui qui a voulu ainsi, celui qui a cette « volonté ». | Exister en tant qu'*ego*, en **365** tant que personne, c'est, comme on le voit, exister d'une manière spécifique, personnelle, en demeurant et en étant le même à travers les changements.

Dans la vie éveillée (le mode originaire de toute vie), j'accomplis des actes et encore et toujours de nouveaux actes, tous unis en ceci qu'ils rayonnent d'un seul et même centre égoïque, en tant qu'ils sont mes positions. Chaque « nouvelle » position, caractérisée comme première, institue une nouvelle modalité de mon être persistant, dans laquelle je suis « désormais » après le passage de l'acte. Par exemple, après la « prise » d'une nouvelle décision (et après son passage en tant qu'acte), je suis désormais précisément celui qui s'est décidé ainsi, celui qui a voulu ainsi. La volonté qui me reste devient à présent une composante de l'ensemble de mon habitus actuel. Le terme « habitus », dans toutes ses particularisations correspondant aux divers actes, ne doit pas être compris de manière externe, à partir d'une expérience observée sur un homme dans le monde, il ne doit donc pas être compris comme un titre désignant des attentes habituelles, des indices empiriques de son futur comportement en acte. Au contraire, cet être demeurant tel jusqu'à nouvel ordre (avoir une volonté, un jugement, une estimation, etc.) caractérise quelque chose qui, généralement et en vertu d'une nécessité eïdétique, provient de chaque nouvel acte et est désormais propre à la personne en tant que telle – jusqu'à nouvel ordre – et selon une correspondance déterminée conformément à son sens : à tel vouloir, la volonté qui demeure, à tel juger, le jugement, etc.

Certes, il en est toujours ainsi « jusqu'à nouvel ordre ». La personne ne persiste pas sur le mode qu'elle adopte une fois pour toutes à l'égard de sa décision, etc. Les validités qui restent instituées n'ont pas besoin, pour rester toujours, d'être celles de cet *ego*. Il persiste en tant que personne qui demeure la même dans les modifications ici possibles et si habituelles, [une personne] qui à nouveau abandonne, « révise », modifie par la critique à l'occasion, dans le détail, ses jugements, ses évaluations, ses décisions volontaires, ses diverses validités qui demeurent. Pourtant, à travers toutes ces transformations, elle conserve une identité personnelle de niveau supérieur, celle de son « caractère » – nous ne faisons qu'aborder ici ce problème de l'être persistant de la personne qui se présente à nouveau et qui une fois encore n'est pas à comprendre de manière externe, mais selon des raisons internes, relevant d'une évidence intuitive eïdétique. [Il s'agit d']un problème qui ne peut être exposé plus clairement que dans un second temps, une fois que le soubassement fondateur, où nous nous tenons, aura été suffisamment dégagé.

Pour cela, des intuitions structurelles très importantes nous

366 font encore défaut. | Elles trouvent précisément leur importance au regard de l'intérêt qui anime toutes ces considérations, celui porté à une clarification de la philosophie comme tâche faisant tradition avec un sens identique à travers le temps historique et comme tâche d'une historicité en cohérence avec elle-même et téléologiquement animée (celle de l'histoire de la philosophie).

Avant toute chose, un examen plus approfondi de la temporalité impliquée dans la visée de volonté proprement dite, avec la distinction de l'acte et de l'habitus comme avec celle de l'intention et de la réalisation, se trouve ici requis. Ici, nous ne faisons pas porter l'interrogation sur la temporalité qu'a une volonté (en tant qu'acte ou en tant qu'habitus) dans la mesure où elle est une composante déterminante de l'homme réel, lequel a naturellement sa place dans l'espace et la temporalité, comme chaque réalité [*Real*] spatio-temporelle (comme chaque « chose » du monde, ce terme étant pris au sens le plus large). Justement, chaque détermination de l'être-tel par laquelle une chose quelconque s'expose selon son être a aussi sa place dans le temps (éventuellement déterminable par les montres) et de cette manière aussi chaque acte de la volonté, ainsi que l'habitualité qui lui correspond, et tout autre acte[1].

1. Nous parlions de la temporalité immanente à chaque volonté et à l'*ego* qui veut et nous comprenions par là la période impliquée dans l'intention en tant que celle-ci a été préalablement adoptée, entre le « je veux » instituant et l'exécution, ou plus précisément l'activité [*Tat*]. Cette période anticipée devient une période effective, un intervalle de temps réalisé entre l'acte de la volonté (et même à deux égards : l'acte institutif originaire et l'acte réactif) et l'action réellement accomplie par moi en tant qu'*ego* volontaire [*Willensich*] et s'achevant éventuellement de manière heureuse. Mais c'est encore en un autre sens qu'un horizon temporel se trouve à cette occasion impliqué, dès le vouloir institutif originaire (l'intention). En tant qu'*ego* qui a une intention, je « sais » déjà que j'ai déjà eu toutes sortes d'intentions, je me sais, moi, l'homme mûr, comme sujet qui a ses intérêts, toutes sortes d'intérêts – il ne s'agit là que d'un terme différent pour [désigner] des buts toujours valides à mes yeux, non encore accomplis, pour lesquels « le moment n'est pas encore venu ». « J'ai pris des places pour le théâtre demain soir », « j'ai loué un logement sur la Riviera pour la fin de l'été », etc. : chaque chose en son temps, un temps déjà décidé dans l'intention, ou plus précisément, une situation prévue. Mais je sais aussi que la réalisation de mes intérêts dépend de « circonstances », que l'exécution [de l'action] peut trouver sur son chemin des obstacles subjectifs et objectifs. J'ai donc un horizon temporel encore différent, celui qui comprend en lui les possibilités ouvertes de rencontrer de tels obstacles, [des possibilités] familières au moins dans leur typique, selon ce qu'il y a de plus général. Le monde suit son cours – le monde, en tant qu'il détermine mon vouloir, en tant qu'il est impliqué en lui, est le monde aperçu par moi subjectivement à partir de mon expérience, il est mon « monde environnant » [*Umwelt*] subjectif. Je « sais » que le monde à venir apporte parfois quelque chose qui va à l'encontre de la situation prévue par moi pour l'action en question. Cela [existe] en elle au titre de présupposé arrivant réellement, non compris en moi, le sujet activement transformant. Ma volonté continûment valide jusqu'à présent est devenue, pour moi, dépourvue d'objet. Mais comme nous l'avons dit, le monde et ce qui est à

<c)> *Le vouloir, la volonté et le champ temporel immanent. L'acte et le temps.*

367 | Comme nous l'avons dit, nous nous occupons plutôt de la temporalité qui réside dans le vouloir et la volonté elle-même, dans « la visée volontaire », et qui doit être déployée purement à partir d'elle. Déjà, l'acte du « je veux » intervenant dans le courant de l'expérience vécue a un horizon de futur, celui de sa validité continuée. Avec le moment du « je veux », du « je me décide », je suis irrémédiablement celui qui, désormais, s'est décidé. Ainsi, dans le mode d'être de l'*ego* accomplissant l'acte, ou plus précisément dans cet acte, dans cette « visée » ou ce « sens », il y a spécifiquement et essentiellement cette anticipation, plus précisément cette temporalisation, cette projection d'un champ temporel (l'espace-temps). Il en va clairement de même pour le champ ouvert de l'action qu'il me reste désormais « à faire », une action que le but préalablement « visé » par mon vouloir « devrait effectivement atteindre ».

venir en lui n'existe pour moi qu'en tant qu'il est mon monde aperçu. Je sais que je peux me méprendre sur ces validités aperceptives. Il peut aussi y avoir illusion, lorsque le cours du monde futur en question réduit à néant la possibilité de mon intention. Mais en tout cas je ne peux plus maintenir cette volonté, je dois pour ainsi dire la biffer, l'abandonner, si la marche du monde environnant qui a aperceptivement pour moi valeur d'être n'accorde pas à mon intérêt l'espace présupposé. Évidemment, il n'est pas besoin d'en venir tout de suite à renoncer à la prévision motivant la volonté. Je peux tout d'abord devenir incertain dans le monde environnant s'esquissant toujours concrètement, dans lequel je me sais vivre, auquel tous mes actes, en tant que moi éveillé, et par là tous les actes de volonté correspondants, se rapportent selon des situations particulières, des évènements peuvent même se produire, qui parleront interprétativement par avance contre une marche du monde tel que je l'avais « prévu » dans un vouloir institutif à partir de la motivation correspondante, certaines interprétations par avance, inachevées, qui ne [conduisent] pas encore à un renoncement (négation, biffure).

Il y a ici quelque chose qu'il faut pourtant faire ressortir de manière très explicite et dont il faut souligner le caractère remarquable. Le vouloir, en tant qu'il est accompli par l'*ego*, entre dans mon « courant d'expérience vécue ». Mais il n'est pas une simple vague de ce courant dont nous pourrions décomposer les parties comme s'il s'agissait d'un tout concret, ou dont nous pourrions exposer les moments abstraits ou indépendants. Un vouloir a encore, d'une tout autre manière, son « contenu », que je « vise » en l'accomplissant et ce visé (le sens) ne réside pas du tout en lui comme une teneur réelle, et pourtant, pour exprimer ce vouloir dans sa particularité et sa déterminité, nous devons connaître le sens qui lui correspond.

Cette déterminité, qui réside en lui au titre de sens, est évidemment tout autre que celle de l'expérience vécue de l'acte à travers son être-tel réel, à travers ce qui réside en lui de réel. Sous l'expression de « sens de la volonté », nous pensons ici à ce que nous désignons comme ce vers quoi nous nous dirigeons en voulant, | comme ce que nous caractérisons **368** comme but que nous avons « à l'esprit ». De toute évidence, le propos tenu précédemment au sujet de l'anticipation qui réside dans le vouloir et de la projection préalable du champ temporel s'y rapporte, et à bien y regarder, il y a là plus [de choses] à distinguer que dans ce qui est contenu dans le sens global. Dirigé vers mon but, je suis pourtant dirigé vers ce qui est à venir, tout premièrement vers « ce qui est à réaliser » par moi-même dans le vouloir qui se détermine maintenant (lorsque je me décide).

Ce qui a ici été rendu valable au sens du « je veux », en tant qu'impliqué dans son *intentio*, ne l'est pas à la manière d'une interprétation hypothétique. Il est au contraire issu d'une réflexion immédiate portant sur moi-même en tant qu'*ego* accomplissant un vouloir et sur ce sans quoi un vouloir en tant que position d'un but est en général inconcevable. Et de nouveau, comme ce qui m'est impensable, tant que j'ai une volonté persistante, dirigée continûment vers un but, quand bien même je ne pense pas du tout actuellement à celui-ci, quand bien même je ne fais pas du tout l'expérience de la position de but comme acte. À l'occasion de telles réflexions, je m'interroge sur moi-même purement en tant que Je de mon « je veux » (selon que je me décide pour telle ou telle chose, ou selon que je suis désormais celui qui s'est décidé, l'*ego* persistant de telle manière, celui qui durablement a voulu de telle manière). Et je n'indique par là rien d'autre que ce qui est directement décidé par mon intention volontaire (par la « visée volontaire »), que ce qui se « trouve » en elle dans une évidence ultime, apodictique.

En y regardant encore de plus près, cela ne vaut pas seulement pour les actes de la volonté (ou pour les dispositions et actions personnelles, et pour leurs acquis) que nous avons jusqu'à présent privilégiés, mais aussi pour tous les « actes » en général, parmi lesquels les actes de la volonté ne forment qu'un groupe particulier ou qu'une sorte particulière d'actes. Compte tenu des intentions qui sont les nôtres, nous devrons inévitablement pénétrer plus avant dans les complications et les difficultés d'une telle auto-interprétation, l'interprétation de l'être personnel selon l'objet et la modalité de son activité prestative. Pour le moment, il nous faudra encore enrichir par de nouvelles attestations, plus précises, ce que nous avons fait ressortir à propos de la sphère de la volonté.

Naturellement, dans la naïveté de sa vie active ou, généralement parlant, de sa vie d'actes prestative, l'homme n'a absolument pas besoin d'une telle sorte d'auto-interprétation, ni des difficiles descriptions des modalités selon lesquelles les actes « visent » quelque chose au-delà de l'expérience en cours, de la manière selon laquelle ils existent, dans l'institution originelle, par rapport aux orientations persistantes de la personne vers des buts, de la manière selon laquelle l'*ego* ne peut être un *ego* | persistant que dans et par ces **369** actes, etc. En nous laissant vivre « naïvement », en concevant des possibilités pratiques, en nous décidant, en agissant, nous vivons nos intérêts actuels et nos buts actuels, nous gagnons ainsi des acquis persistants au sein du monde environnant prédonné que nous avons en commun avec nos pairs, en tant que champ général de nos intérêts. (Ce qui a été récemment acquis par la réalisation devient ensuite pour nous et pour les autres un matériau nouveau en vue de buts nouveaux et de nouvelles prestations réalisatrices, des acquis d'un degré toujours nouveau apparaissent, et avec cela un monde environnant toujours nouveau à l'intérieur et à partir de notre vie prestative). Se laisser vivre de cette manière est naturellement autre chose que de thématiser réflexivement cette vie comme vie prestative, finalisante et réalisatrice, ou que d'explorer par la réflexion conduite sur nous-même en tant que subjectivité prestative et sur la manière selon laquelle elle institue avec ses actes *eo ipso* pour nous, l'*ego* actuel, des habitualités téléologiquement orientées. [Cela] crée ce faisant en nous-même une structure ontologique persistante et pourtant en transformation.

Mais on voit aussitôt qu'il en résulte, il est vrai, une itération infinie de positions de but possibles, mais que des généralités telles que les esquisses de projet, les projets, les projets habituels (la volonté en tant que caractéristique particulière persistante de l'*ego* persistant, l'action en cours d'exécution, le but effectivement réalisé en tant qu'acquis permanent de l'*ego*, etc.) doivent se répéter à tous les niveaux. Il en va de même, on le voit, que pour toute autre sorte d'actes, parmi lesquels la rubrique des « actes de la volonté » ne désigne qu'une sorte ou un groupe d'actes. Et le fait que l'on parvienne ce faisant à quelque chose comme un comprendre ou plus précisément comme une compréhension permanente de ce qui réside dans toute vie, ce fait présente à tous les niveaux sa naïveté, dans la mesure où il est dans toute prestation, tandis que ce qui fait son caractère prestatif demeure tout le temps anonyme. Mais par la réflexion qui dépasse l'itération en tant que telle pour aller vers soi-même en tant qu'*ego*, vers son être persistant au fil de son activité, vers ce qui lui appartient de manière immanente et essentielle en tant qu'*ego* qui opère et acquiert par ses actes (en d'autres termes : ce qui est la condition apodictique de la possibilité de son être persistant en tant qu'*ego* identique), l'*ego* gagne l'auto-compréhension, dans laquelle l'apodicticité, comme nous le découvrirons en fin de compte, englobe tout ce qui est connaissable pour l'*ego* et en tous sens pensable, dans la mesure où tout ce qui est dans les actes de l'*ego* trouve son origine dans son être-pour-soi.

Pourtant, on ne peut pas encore discuter ici de ce qui détermine plus précisément ce discours douteux, ni montrer comment les éclaircissements dissipent en fin de compte toutes les objections. Mais il est nécessaire de poursuivre | une analyse de cette sorte (une analyse « intentionnelle »), tout d'abord en ce qui concerne les opérations et les actes de la volonté, qui à ce point nous intéressent tout particulièrement, mais aussi pour ce qui regarde la sphère plus générale des actes et des prestations d'actes, que nous avions déjà à l'esprit lorsque nous évoquions plus haut l'itérativité de la vie et au-delà, sa structure essentielle et englobante. Car la vie est essentiellement intrication et juxtaposition de toutes sortes d'actes se transformant les uns les autres, comme nous allons le voir, en fonction de modifications possibles par essence.

Restons-en pour le moment à la sphère de la volonté. Nous devons gagner une plus grande clarté à propos des positions de but et des réalisations pour comprendre la particularité des positions de tâche et de leur accomplissement et pour pouvoir ensuite comprendre ce que le titre de « philosophie » a de spécifique, ce qui constitue le caractère tout à fait unique en son genre de cette tâche. Nous tenterons à partir de là de pénétrer le caractère particulier de la vie prestative de l'histoire de la philosophie, c'est-à-dire les philosophies elles-mêmes au sens pluriel et inversement, la philosophie au sens qui est en question et qui doit exclure cette pluralité.

Nous complétons nos précédentes considérations en ajoutant que toute volonté (au sens de la décision permanente), dans sa propre teneur de sens, dans sa propre « intention volontaire », se rapporte à un temps, un temps que moi, celui qui veut actuellement, j'ai déjà « devant moi » dans l'acte, au commencement duquel mon acte s'établit en tant qu'il s'engage et se déroule maintenant. S'il s'est déroulé en tant qu'acte, alors, compte tenu de ce qui a déjà été dit, ma volonté persistante provient « de » lui, ou plus précisément, je suis devenu, moi, grâce à cet acte, l'*ego* persistant (c'est la raison pour laquelle on le dit instituant [*stiftend*]), l'*ego* qui a dorénavant pris cette résolution de la volonté dans son être persistant – et ce, « jusqu'à nouvel ordre ».

En nous laissant vivre naïvement, nous sommes toujours déjà dirigés vers le but actuel, qu'il s'agisse d'un but qui justement se présente actuellement ou non. Continuellement, dans l'existence éveillée, en posant de nouveaux buts sur la base des buts précédemment atteints, et par là réanimés et réactualisés, nous sommes dans un train unitaire composé d'aspirations multiples entrelacées de buts en buts, où nous n'avons continuellement en vue que les buts actuels – d'autres buts et des buts intermédiaires (des voies).

Mais toute notre vie égoïque particulière, au sein de laquelle ces buts sont institués et maintenus à travers de multiples transformations dans une permanente validité continuée, réanimés de multiples manières, réactivés avec leur thèse, réactivés en tant que projets, intentions préalables, réalisés, 371 | quand le temps «est venu», par des actions, donnant des «résultats», au sein desquels les buts simplement projetés ont désormais pour nous un être permanent avec le sens d'être changeant du résultat pratique, de ce qui a été acquis en tant que remplissement de l'intention égoïque, et encore bien d'autres choses qui ne sont pas de moindre importance – [tout ceci] demeure complètement caché à celui qui se consacre naïvement à ses intérêts. Cela le reste aussi longtemps que nous n'apprenons pas à accomplir le changement total d'attitude, le renversement thématique total portant sur la subjectivité prestative. C'est en elle seulement que nous découvrons ce qui n'avait jamais été vu auparavant dans la naïveté de la vie quotidienne, qui constitue notre être égoïque personnel particulier en tant qu'être dans une visée personnelle, dans les actes personnels d'un être persistant d'une vie instituante.

À ce point, nous ne pouvons pas encore avoir de représentation de la fécondité inégalée de la recherche procédant d'une telle reconversion. Ce n'est que petit à petit et selon une progression patiente en direction des horizons qui se présentent et pour lesquels toute connaissance préalable fait défaut, que nous concevrons le fait qu'ici résident les commencements du développement systématique de la méthode, de la clarification de l'origine de la tâche unique en son genre qui s'impose à l'humanité depuis des millénaires avec l'infini dépassant toutes les tâches finies particulières. Il s'avérera que la résolution de cette tâche sera la condition du problème philosophique ultérieur, supérieur, le problème de la possibilité ou plus précisément de la condition de possibilité de la réalisation de la tâche « philosophie ». Il est pourtant déjà évident que le problème précédent, celui du sens originel de cette tâche, est l'une des conditions, peut-être la toute première des conditions de sa possible réalisation, qui est d'un autre côté la solution du problème de la condition de possibilité de la tâche philosophique et déjà le commencement de la philosophie elle-même qui est en train de se réaliser.

L'enchaînement de telles répétitions [d'actes], proprement caractérisé comme réactivation du premier acte institutif, originel, est certes un enchaînement d'actes différenciés. Mais je ne suis pas seulement, d'après lui, de manière évidente, un *ego* accomplissant. Au contraire, il n'y a pas d'évidence plus forte que celle-ci : moi, en me décidant à présent, j'ai pris une décision pour un horizon temporel et cette décision, cette unique et même décision, sera à nouveau vivante et peut même être revivifiée par moi actuellement et librement. Je me suis décidé, ce qui signifie pour moi qu'en tant qu'*ego*, j'ai désormais une orientation de la volonté qui demeure « continuellement », | par laquelle s'expose mon être le plus authentique, celui que 372 je suis maintenant. Ainsi, chaque affirmation d'une volonté, aussi bien du reste que d'un acte (celui par lequel je me décide, qu'il s'agisse d'une décision relative à une croyance, à une valeur, ou à une volonté) est une modification de mon *ego* en tant qu'*ego*. [Un *ego*] auquel on ne rend pas justice en l'assimilant à une *tabula rasa* sur laquelle les vécus d'actes viennent et disparaissent à nouveau, fût-ce selon des régulations que l'on peut découvrir de manière empirique et inductive, et non comme si je ne devenais pas par là un « autre *ego* ». Bien au contraire, je suis le même *ego* persistant, persistant dans cette sorte de modifications spécifiquement égoïques. Ce sont des modifications qui ne procèdent pas avec moi comme avec une chose, mais bien plutôt des modifications accomplies à partir de moi, éveillées par mon être égoïque, par moi-même. À chaque fois, j'ai mes validités qui demeurent, même temporairement, à partir des institutions originaires que j'ai moi-même instituées comme miennes. Laissons pour l'heure de côté la question de savoir ce qu'il en est de l'horizon temporel de cette persistance, ainsi que les problèmes égoïques qui restent à poser à partir des actes en général. Par rapport à notre objectif, l'intégrité de l'analyse approfondie n'en dépend pas. Si notre regard est rigoureusement dirigé vers ce qui constitue de manière évidente, en son essence propre, la vie égoïque et l'être égoïque dont on peut faire l'expérience, il va également de soi que lorsque nous devons parler de monde environnant et de situations particulières du monde environnant, on pense exclusivement à l'horizon environnant compris dans la teneur de sens de la volonté, de l'intention elle-même, la situation dont le sujet de volonté a une conscience préalable et dont il a effectivement conscience au cours de la réalisation effective, comme ce qui est donné en soi.

Mais de cette manière il y a bien plus encore qui se trouve impliqué pour nous les hommes à travers les buts de la volonté ; car toute notre vie naturelle se rapporte à notre monde environnant prédonné qui se tient constamment devant nous. Elle est le terrain général de toutes nos visées finalisées et de toutes nos réalisations. Mais comment notre vouloir et notre activité se « rapportent »-ils à ce terrain ? Jamais autrement que par le monde qui vaut pour nous comme effectif dans notre vie expérientielle et habituelle, dans les apperceptions qui apparaissent en elle. Ce pour quoi nous nous décidons, nous devons en avoir conscience sous la forme de telles apperceptions ; dans la mesure où elles fondent nos volitions actuelles, elles entrent elles-mêmes de manière déterminante dans le sens de la volonté. Elles forment pour chaque *ego* un courant sous-jacent au courant de l'expérience vécue concret, ils s'associent en leur cours en une unité totale de l'apperception, en une représentation du monde | que nous avons à chaque fois, sur l'hori- **373** zon du monde ouvert, au sein duquel les choses particulières correspondantes nous affectent selon une apperception partielle, déplacent notre volonté et ainsi pénètrent dans notre intention volontaire elle-même au titre de moments de sens. Toute vie éveillée est une vie volontaire, nous avons toujours quelque intention, nous n'avons pas seulement, toujours, de nouveaux projets, nous avons <aussi> des orientations de la volonté préalables, qui ne sont pas encore parvenues à réalisation, parce que leur temps n'était pas encore « venu ».

<d)> *L'assomption <de la tradition comme assomption de tâches>*

Seules les personnes qui se donnent des tâches ont des buts et des tâches. D'une certaine manière, c'est aussi le cas lorsque nous assumons une tâche en vertu d'une tradition. À cette occasion, nous n'accomplissons pas seulement une compréhension opérant après-coup. Il en va de même, du reste, pour toute communication. La comprendre n'est pas encore l'assumer : c'est co-accomplir automatiquement la validité sous laquelle celui qui communique la pense. Le jugement assumé devient notre propre jugement, le désir et la volonté assumées deviennent nôtres : à l'évidence, c'est normalement le cas de l'échange interpersonnel qui s'accomplit par l'intermédiaire de la communication. Ici se relie donc à notre certitude le fait que l'autre, celui qui communique, juge ou veut ainsi et ainsi, et l'accomplissement consonnant de notre propre jugement et de notre propre vouloir. Ce qui est nôtre « coïncide » tout simplement avec ce qui l'est pour l'autre. Notre propre activité se produit ici comme entraînée vers une participation irréfléchie. Mais ce n'est pas pour nous la seule manière possible de nous comporter activement (en faisant quelque chose).

Il y en a encore une autre, à savoir cette modalité d'activité possible caractéristique de notre « liberté » : nous pouvons nous libérer de la participation, de l'attrait passif de l'assomption irréfléchie de cette tradition et ainsi de toute tradition (laquelle est encore communication, comprise sous ce concept) (à cette occasion, précisément, tout attrait passif devient évidemment conscient), ou ce qui revient au même : nous pouvons nous soustraire à l'« exigence » (en tant que tendance passive à l'assomption) qui s'installe normalement en nous avec son apparition, exigence sur laquelle nous comptons normalement, nous comme tout un chacun, à l'occasion d'une communication à autrui. Plus encore : nous pouvons réfléchir librement pour savoir si nous devons le faire ou non, pour savoir s'il n'y a pas quelque chose qui plaide à son encontre dans notre horizon d'expérience, que cela advienne à la faveur des désirs qui se manifestent ici et maintenant, éventuellement des tendances instinctives ou qu'il s'agisse, | comme si souvent, de quelque chose qui provient de l'horizon vague d'un intérêt valant pour nous auparavant et continuellement.

Plaçons-nous donc au-dessus de la tradition, renonçons à son exigence, sans nous laisser entraîner passivement plus avant. Surtout lorsque la tradition a des soubassements oubliés, des motifs manquant de précision, comme dans le cas des tâches anciennes et traditionnelles. Bien qu'il s'agisse d'une tâche à laquelle nous avons déjà consacré des tentatives de laborieux accomplissements, à la faveur d'une assomption effective, par exemple à l'école, nous pouvons aussi ultérieurement lui consacrer après-coup une libre méditation, interroger ce qui a été transmis traditionnellement quant à son motif donateur de sens originaire, ou pour le dire différemment, quant à son « sens originel et authentique », pour le restituer pour l'instant à travers un travail clarifiant approprié, pour le faire à nouveau apparaître effectivement sous nos yeux. Mais cela, pour justifier ce faisant par après la tâche comme tâche nous incombant, ou au contraire pour la biffer comme injustifiée. Il y a là naturellement, au titre de composante essentielle et première de notre liberté une *épokhè* toujours possible après coup. Nous nous abstenons de toute prise de position, mais aussi de notre assomption déjà accomplie auparavant lors de l'accomplissement ce qui est exigé de nous. Dans ces cas, l'*épokhè* concerne ce qui, dans l'ensemble de la tâche, vaut pour nous, ainsi que toutes les réalisations, qui lui sont consacrées, tentées ou présumées abouties. Éventuellement, les premiers médiateurs de cette tâche, par exemple notre instituteur, ont négligé d'interroger le « sens de validité authentique et originaire » de la tâche, éventuellement, cela fait même déjà défaut à celui qui institue cette tâche : nous avons pris connaissance à ce propos de l'exemple très instructif de l'assomption galiléenne de l'antique géométrie. Le fondateur originaire avait créé une conception renouvelée de la tâche à partir des éléments traditionnels, mais dans ce cas, à partir des éléments d'une tradition oubliée, qui ne pouvait plus être réactivée sans difficultés, dont le sens et le droit pouvait donc être devenu problématiques.

Nous avions en vue des tâches traditionnelles, assumées par le biais de la communication. Toute tâche désigne un but à réaliser au moyen d'une certaine activité, d'un certain agir. L'anticipation, la certitude anticipatrice [qu'il existe] une

méthode de travail praticable par laquelle le but serait finalement atteint est co-assumée dans l'assomption. Même en cas
375 d'imprécision, tout cela nous procure l'enseignement | d'une
explicitation analytique de sa « visée ». On comprend par là ce
que l'on veut dire en parlant de tâches ou de buts « légitimes »,
« pertinents », originellement authentiques, ainsi que la légitimité attestée de l'authenticité d'origine, ou en d'autres termes,
sa justification. Avant son obtention, le but n'est pas ce que
l'on a, mais ce que l'on projette d'avoir. S'il n'est tout d'abord
projeté qu'avec une imprécision flottante, il peut aussi, s'il est
clarifié par sa méditation, nous conduire parfois à l'évidence
de la possibilité de sa réalisation mais parfois aussi à l'évidence négative de l'impossibilité de sa réalisation, de la nécessité de devoir manquer le but projeté, prévu. Malgré toute son
imprécision, le projet est pourtant, comme nous l'avons dit, le
projet d'un but dirigé vers une certaine voie, une voie nous
conduisant à lui et passant par nous. La méditation, en tant
qu'acte de la liberté, engage tout d'abord l'explicitation analytique, puis la « clarification », l'instauration de l'évidence, de
telle manière qu'en poursuivant ainsi, en procédant « effectivement » ainsi, on puisse atteindre le but. Avant l'agir au sens
propre, l'agir effectif et l'obtention effective, il y a ainsi pour
ainsi dire comme un *a priori*, comme l'évidence préalable
(avant l'acte) de ce pouvoir d'agir ainsi qui est nôtre. C'est
cette évidence, celle de la possibilité subjective, ou pour le dire
plus clairement, de cette capacité à rendre possibles le but et la
voie que nous livre la « clarification » méditative. Elle est le
résultat de la méditation préalable qui nous assure ainsi, avant
l'action exécutoire, tout à la fois de la possibilité, de l'authenticité, de la rationalité du but et de la voie. La liberté « accomplie » implique donc un pouvoir multiple, un pouvoir évidemment libre de multiples manières. Excepté le fait que la liberté

renvoie pour des raisons essentielles à une « exigence », au fait de se laisser tout bonnement entraîner, passivement, dans l'occupation, nous avons ici, en premier lieu, le « je peux » libre de cette *épokhè* que présuppose notre méditation au titre de méditation préalable. En deuxième lieu, nous avons l'effectuation de celle-ci – dans le cas d'une réalisation parfaitement évidente. Ou encore : l'activité libre de l'explicitation et de la clarification consiste en cela qu'elle rend par avance le pouvoir-faire [*Tun-Können*] évident. Le faire est donc prédonné, anticipé sous la forme du projet évident. En troisième lieu, nous avons la liberté de la réalisation, c'est-à-dire l'agir qui se produit librement au vu de l'évidence du projet (précisément au sens courant, comme activité réalisatrice). C'est l'activité elle-même qui possède dans son déroulement, pour ce projet, le caractère final de l'obtenu.

<LE CARACTÈRE UNIQUE EN SON GENRE DU SENS ORIGINEL DE LA PHILOSOPHIE>

<a) *La tâche de connaissance comme particularité du métier de philosophe*>

| Ce que nous venons à l'instant de considérer vaut **376** visiblement pour la très grande majorité des tâches. Pour ce qui est de leur assomption, [cela vaut] non seulement pour les tâches que nous recevons d'autrui, c'est-à-dire dans la relation intersubjective, mais aussi pour les tâches que nous définissons toujours personnellement et singulièrement et qui sont ensuite, dans notre vie ultérieure, dans la passivité où elles persistent habituellement, « reprises » au moyen d'une réactivation ultérieure, auquel cas il ne sera pas nécessaire de revivifier de lointaines origines. Ici aussi, la liberté d'une

Dans le cas de la philosophie, il s'agit donc des « systèmes » d'énoncés du passé et avant tout des formations philosophiques auxquelles nous-mêmes recourons. Ce faisant, la différence déjà évoquée entre la vie philosophique dans l'activité du temps de métier et la vie quotidienne recommencée en dehors d'elle ne se trouve-t-elle pas aussi donnée ? En conséquence, ne pouvons-nous pas nous représenter dans une évidence générale indéterminée une humanité qui n'aurait encore aucune philosophie ? Ne pouvons-nous pas nous abstraire de toute définition de tâches philosophiques et nous reconstruire par compréhension, par la modification de notre vie quotidienne (où cette tâche n'a pas cours), une vie humaine à l'horizon de laquelle cette tâche n'est encore jamais apparue, dans la mesure où aucun motif, dans cette vie, ne pousse encore à sa conception ? N'y a-t-il pas là encore des possibilités pour l'instauration d'évidences, fussent-elles d'un tout autre genre et d'une tout autre portée que celles qui valent par habitude comme modèles d'évidence, et ce si bien qu'elles pouvaient nous contraindre à fixer de manière normative les concepts d'évidence, de manières de voir et d'opinion exclusivement d'après ces modèles (celui de la géométrie par exemple). À bien y réfléchir, avec la dénégation de ces évidences issues d'une compréhension procédant par reconstruction, n'est-ce pas comme si toute notre vie sociale perdait tout repère ? Toute « empathie », toute compréhension de la coexistence humaine et du monde environnant humain (qui est de part en part monde culturel) n'est-elle pas absolument fondée sur une compréhension en retour qui va de l'œuvre au travail effectif, de l'expression corporelle à la vie qui s'y exprime, etc. ? Si les historiens avides de faits documentés voulaient nous opposer
381 que les anciens philosophes, | les philosophes de l'institution originaire, n'avaient pas dit un mot à propos de celle-ci et ne

nous avaient légué que quelques énoncés, ce serait là quelque chose d'absolument erroné. Ces énoncés sont eux-mêmes des documents, en ce sens qu'on peut les comprendre en retournant à la vie intellectuelle dont on peut s'enquérir à partir d'eux et éventuellement reconstruire dans l'évidence. Au bout du compte, toute constatation historique est, en ce sens, déjà quelque chose qui repose sur de telles reconstructions, sans que cela ne produise en aucune manière une histoire, qu'il s'agisse d'une histoire des époques « historiques » ou d'une histoire originaire.

Tenons-nous en donc à notre vie extra-scientifique, celle que j'ai sans autre forme de procès désignée comme étant notre vie quotidienne et gagnons à partir de là, dans une évidence générale, quoiqu'indéterminée quant à son contenu, le concept d'une vie pré-scientifique (précédent toute science, toute philosophie), c'est-à-dire d'une vie d'hommes vivant n'importe où et n'importe quand, dans le monde environnant desquels il n'y aurait aucun philosophe exerçant son activité, aucune tradition philosophique mise en œuvre par des philosophes, médiatement ou immédiatement, à l'endroit du monde environnant. Cela inclut des humanités du type des tribus primitives vivant de manière isolée sur la Terre contemporaine ou précisément du type de ces tribus de cultures non développées dans le passé, avant l'institution originaire de la philosophie grecque et de la transformation spirituelle qui en est issue pour l'humanité historique. Tout ceci, en y incluant aussi notre propre vie, la vie du scientifique dans le quotidien extra-scientifique, produit ce que j'ai appelé, en un mot, la vie pré- et extra-scientifique.

Par conséquent, pour ce qui de son contenu concret, en tant qu'il est unique dans l'espace et le temps nécessairement toujours divers, ce qui doit encore être rendu évident, on ne

retient rien de cette généralité indéterminée du concept évidemment conçu, à cet égard, on ne préjuge de rien à travers lui.
Mais par-delà ce qui varie avec le temps, se présente dans la
généralité elle-même un fonds qui donne grandement matière
à juger et ce, dans l'évidence. Aussi loin que nous révisions
notre conception à propos de notre vie quotidienne factice, il
s'agit de la vie humaine, en tant que vie prise dans des intérêts
toujours déjà donnés individuellement et générativement,
avec en outre parmi eux les pulsions instinctives, en quoi nous
comprenons aussi les animaux. Dans ses intérêts habituels,
l'homme (et la communauté à la première personne du pluriel
actuelle de l'homme dans la communautisation) est dirigé vers
les buts qui valent pour lui habituellement. Vivant <en> eux, il
382 est | l'homme pratique, multiple et pourtant, par-là même, un,
et l'ensemble de sa vie pré-scientifique est dans la variation des
situations du monde environnant dans lesquelles il se trouve
actuellement, dans la variation des projets actualisés, depuis
longtemps institués et devenus pour lui habituels ou des
nouveaux projets dans une situation nouvelle, fraîchement
motivés et conçus et saisissant toute occasion d'exécution,
il veut et fait tantôt ceci, tantôt cela, mais il est le même
ego d'homme, le sujet identique. Identique en ceci qu'en
concevant ses projets, il les a désormais durablement comme
étant les siens, en ceci aussi qu'en les réalisant, à chaque
fois, <il> les a désormais durablement et par-delà la réalisation momentanée comme son acquis durable, comme son
« acquis ». Il est ainsi l'homme persistant de manière identique
et il est en même temps, en tant qu'il fait des projets et
contracte des acquis, dans la continuité d'une vie actuelle qui
s'écoule, instituant pour lui-même, pour son être et son avoir
identiques, des habitualités, des orientations personnelles et
des acquis toujours nouveaux, réalisant [ses projets].

L'existence humaine individuelle, en tant qu'elle trouve son origine générativement et en tant qu'elle s'écoule dans l'interconnexion générative, ne connaît pas de vie prestative isolée. Tout projet et toute activité de l'*ego* individuel a à son horizon les autres, les co-sujets et leurs projets et prestations effectives et possibles. On doit faire attention les uns aux autres. Par le conflit, par le combat éventuellement, la vie de tout *ego* s'harmonise avec celles de ses co-sujets, tout d'abord dans la communauté de la vie familiale et à partir de là, aux niveaux plus élevés de la vie de la tribu et du peuple. À chacun de ces niveaux correspond l'unité d'une tradition qui fait lien, qui appartient à chaque Nous – le concept personnel du niveau correspondant (l'*analogon* de l'*ego*), en tant que persistance de chaque instant, de la même manière que l'on peut parler corrélativement d'un acquis commun de ce Nous, disponible à tous en tant que monde environnant spécifiquement particulier au Nous.

Cette esquisse, la plus générale, qui du reste aurait besoin et pourrait faire l'objet d'une analyse plus approfondie, peut ici suffire pour nous permettre de nous représenter la vie appartenant à l'existence humaine générativement reliée (ou mieux, l'existence humaine) dans un monde environnant qui lui est corrélatif – en tant que monde de la vie pré- et extra-scientifique à la forme traditionnelle de laquelle, à la typique des situations familières de longue date de laquelle tous les sujets individuels du Nous concerné (nous – notre famille, nous, membres de la tribu, nous les alémaniques, nous, notre peuple – nous, les Allemands) prennent part. Pour la question qui se pose à nous, | celle de la transformation pour ainsi dire révolu- **383** tionnaire qui se produit, avec l'irruption de la nouvelle défi- nition de but « philosophie », dans l'existence humaine pré- et extra-scientifique, et tout d'abord dans celle de personnes individuelles, les dits philosophes, nous n'avons pas besoin d'aller au-delà de cette généralité formelle qui s'individualise à travers la spatio-temporalité-historique, au cas par cas, sous des formes innombrables et obscures.

Toute l'agitation des « métiers » extra-scientifiques fait partie de l'humanité et du monde environnant pré- et extra-scientifique dans son historicité constamment sujette au changement. La pratique diversifiée a adopté de solides formes traditionnelles et le monde environnant lui-même, à travers un produit traditionnel, intersubjectif (historique) présente pour chaque époque un aspect à chaque fois historique (en corrélation avec l'humanité à la première personne du pluriel à chaque fois correspondante, faite ferme habitualité, fût-elle temporaire). Elle est la situation globale générale-typique, par rapport à laquelle toutes les situations particulières se trouvent subordonnées, en tant que types partiels qui doivent être pris en compte par celui qui acquiert par le projet et l'action. Tout nouvel acquis entre tout de suite en elle et donne forme au monde environnant futur des hommes pratiques de l'avenir. Comment ce mouvement universel dans l'existence historique des hommes et dans leur monde environnant, comment cette typique de mouvement universelle peut-elle être « brisée » ?

Voilà ce qui est à prendre en considération à ce propos (ce que nous avons déjà abordé plus haut) : l'homme est toujours déjà le sujet d'intérêts pratiques. Même s'il en institue de nouveaux (s'il se donne de nouveaux buts, qui par habitude lui sont précisément désormais propres en tant qu'ils sont ses intérêts), il a toujours déjà derrière lui une tradition infinie et un monde environnant avec un aspect traditionnel, mais il peut souvent, au cours de la réalisation des intérêts qui s'annoncent à chaque fois, s'en remettre aux méthodes habituelles de cette réalisation. L'activité originairement libre plus ou moins achevée dans la formation de projets et dans leur réalisation se transforme en une passivité « aveugle », elle doit se laisser entraîner, dans de semblables situations, quasi instinctivement jusqu'à l'activité. Mais cela conduit assez souvent à l'échec des projets et généralement, se laisser ainsi aller est contraire à la « raison ». Le refus, en tant que possibilité prévisible, motive, en d'autres termes, la libre intervention pleine de sollicitude, c'est-à-dire une méditation libre, une orientation habituelle de la volonté visant à porter le projet, par clarification, jusqu'à l'évidence et naturellement sa relativité | par rapport à **384** la situation si souvent aperçue de vague manière, qui est elle aussi à clarifier. Vivre en tant qu'*ego* éveillé et mûr dans son monde environnant, ce n'est d'ailleurs pas vivre n'importe comment, mais vouloir vivre en réussissant. Voilà pourquoi l'homme qui accumule les échecs se dit : « cela n'est pas vivable ». Voilà pourquoi, à l'inverse, l'homme qui connaît le succès répond simplement, à la question « comment ça va ? » par ces mots : « on peut vivre ».

Cette connaissance, plus précisément cette connaissance pré-scientifique dans l'universalité de cette vie hors de la science et avant la science, sert ainsi de terrain à ce vouloir-vivre et à ce pouvoir-vivre. [Cette connaissance] ne doit pas être comprise comme le fait d'avoir une expérience et de juger en général (comme un accomplissement de validité quelconque se trouvant déjà dans chaque simple souvenir et dans chaque simple perception), mais en tant que ce fait est rapporté à la clarté, à l'intuition rendue évidente de l'être effectif de la possibilité du but et de la voie et, dans l'action réalisée par la suite, à l'être effectivement réalisé et à l'existence à présent elle-même effectivement réalisée, à l'être-atteint du but visé. Nous avons déjà donné plus haut toutes les précisions à ce propos. Dans la vie humaine, celle de l'*animal rationale*[1], il se trouve donc déjà une motivation toujours prête pour la sauvegarde et l'exercice de la faculté déjà développée de la liberté de connaissance. La connaissance elle-même est un projet et une prestation, mais sur le mode particulier du dépassement de tous les projets pratiques de la vie ou plutôt du pouvoir de dépassement et du service ainsi rendu précisément à cette vie, c'est-à-dire à ce vouloir-vivre et à ce pouvoir-vivre. Elle est utile, le cas échéant, en ce qu'elle supprime tout d'abord la pratique particulière concernée, celle qui est précisément abordée et donne lieu à la connaissance dans une libre méditation, laquelle seule peut faire de cette pratique une pratique « rationnelle ». C'est par là justement que les validités ontologiques (jusqu'ici appelées jugements) impliquées dans chaque projet et dans chaque activité deviennent des jugements rationnels, des connaissances. Et bien que, dans la vie naturelle, le mode passif de l'action et du jugement conserve une si grande place, il est pourtant toujours déjà gros de connaissances. Toutes ces connaissances issues de la vie 385 pré- et extra-scientifique | sont manifestement « subjectives-relatives ». Elles sont en rapport avec le monde environnant humain du moment, en tant qu'elles sont aperçues à un moment donné par le sujet en question, en ayant à chaque fois validité de telle et telle manière.

Comme nous l'avons déjà mentionné, l'ensemble du monde environnant du moment, la situation totale au sein de

---

1. La raison – dans le sens qui s'atteste ici – constitue en fait la coupure par rapport à l'animal, et aussi par rapport à l'animal que l'on appelle déjà homme du point de vue de la zoologie et qui, en tant qu'homme pré-historique, n'a pas encore acquis la faculté de pouvoir être libre, de méditer sur soi-même et de pouvoir avec cela connaître (en tant que faculté humaine d'un pouvoir bien exercé, continuant à se former à des niveaux toujours plus élevés).

laquelle sont comprises toutes les situations particulières auxquelles se rapportent les intentions respectives de l'homme à tel moment est une formation traditionnelle. En tant que monde environnant à chaque fois présent, elle a son horizon historique et de tout temps, le monde environnant concret tout entier comprend l'ensemble du passé historique et les esquisses du futur et en cela, l'ensemble de l'humanité en connexion historique avec l'homme présent du moment, l'homme agissant maintenant, cette humanité précisément qui par son agir et ses acquis préalables a créé ce monde environnant, l'a créé comme tradition. Ce faisant, toute pratique et toute connaissance mise à son service est tout d'abord rapportée à ses semblables du présent et du passé, à travers eux en tant que supports durables de son horizon historique, c'est-à-dire, effectivement, de manière subjective-relative. Chaque sujet singulier a ses apperceptions de son monde environnant, l'horizon historique qui lui est propre, son commerce particulier avec les autres hommes, tout comme sa communauté à la première personne du pluriel qui co-détermine ses propres apperceptions. Au titre de personne qui a grandi et s'est liée aux autres en vivant au sein de ma famille, j'ai, et il en va de même pour tout un chacun, une strate au sein de laquelle j'ai en commun, tout homme a en commun, typiquement et individuellement, un monde environnant valant comme allant de soi, celui de la famille. En tant que membre de la communauté villageoise, chaque villageois a une histoire supérieure correspondante qui lui est typiquement caractéristique, etc.

Puisque toutes les connaissances sont conditionnées par la situation ou sont, ce qui si on le comprend bien revient au même, fondées traditionnellement, puisque dans le même temps la tradition est relative au sujet-porteur de la tradition du moment, il est alors clair que toute connaissance considérée dans sa normativité, selon ce qui doit valoir comme étant légitimement, dans une intuition évidente, vrai ou faux, change avec les personnes ou plus précisément avec les traditions qui sont à chaque fois en question (ce qui ne doit nullement désigner un reproche ou une lacune). Cela s'exprime aussi par le fait qu'une sphère de pertinence ou de non-pertinence fait partie de chaque personnalité ou de chaque situation conférant une valeur relative, comme nous le montrerons bientôt plus précisément. Le marché (plus précisément, celui de Fribourg de nos jours) a sa vérité de marché, la pharmacie a sa vérité de pharmacie, la vie civile dans la ville | et l'État (contemporains) ont leur vérité politique, etc. Elle nous est commune à tous, pour nous tous qui connaissons bien, c'est-à-dire pour nous tous qui avons été éduqués dans la même communauté ou au sein de la même tradition. « Tout un chacun » (toujours rapporté à un tel Nous) sait ce qui se passe effectivement sur le marché et pareillement dans chaque autre situation familière. Il sait ce qui doit être rationnellement décidé concernant chaque vérité et chaque fausseté, quelles sont les raisons ou les distinctions qui sont à cet égard pertinentes ou non. Une différence de gramme est sans importance pour une livre dont la réalité peut être reconnue sur le marché, une aune correcte n'y dépend pas de la largeur d'un doigt, tandis que c'est bien le cas à la pharmacie.

₃₈₆

\<c) *L'importance de la confrontation avec les cultures étrangères pour la naissance de la question philosophique du monde chez les Grecs*\>

Comment comprendre alors que cette vérité relative, légitime, constamment indispensable dans la vie pratique naturelle ait pu être dévalorisée ? Comment naquit, contre elle, contre la totalité des vérités de cette sorte, une motivation pour fixer un nouveau but à la connaissance et du reste, où un tel but pouvait-il y trouver place ? Cette interrogation concerne ainsi la distinction établie, comme chacun sait, au commencement de la philosophie antique sous les désignations traditionnelles de la δόξα et de l'ἐπιστήμη, l'une caractérisant les vérités (et les non-vérités) pratiques naturelles et l'autre désignant une vérité philosophique spécifiquement nouvelle, qui devait donc être irrelative, une vérité valable pour chacun et à tout moment, à fonder conformément d'une manière nouvelle. Le concept naturel de raison se trouve ainsi déplacé. De la brave et honnête raison de l'entendement de l'homme naturel et sain naît à présent la raison scientifique, la raison philosophique. Mais comment cette différence est-elle motivée ? Qu'est-ce qui, dans la donation de sens originaire, détermine cette validité ultime (à propos de laquelle on préfère maintenant parler d'objectivité) ?

Cet affranchissement à l'égard de la relativité des vérités de situation, c'est donc là ce qui détermine en même temps le sens manifestement nouveau du « tout un chacun et de tout temps », qui ne peut justement plus être rapporté à la communauté changeante du Nous, en tant que support de la tradition ayant valeur relative. Cela sonne mieux, mais signifie la même chose : comment l'homme connaissant dépasse-t-il les limites finies entre lesquelles il se tient dans sa vie naturelle ? Comment se « découvre »-t-il le monde en tant que thème de connaissance | contre le monde environnant du moment ? **387** Comment est-il en son infinité – ce qui peut aussi tout de suite susciter la question de savoir à quoi cette nouvelle connaissance de l'humanité peut servir ? Car la question de savoir comment elle pourrait s'interrompre, cesser d'être conforme à son essence, de vouloir vivre, de « pouvoir » vivre dans son existence historique, c'est-à-dire en ayant une tradition et en se

formant selon la tradition, et cesser de percevoir, de vouloir
percevoir dans l'intérêt de sa vie, cela dépend, d'après ce qui a
été développé, de l'existence se satisfaisant de la réalisation de
ses intérêts. Pourtant, quoi qu'il en soit de la clarification de la
motivation qui rend visible un *plus ultra*, le nouveau sens de
connaissance doit s'éclaircir. Ici, la perceptibilité progressive
de cette relativité, de la relativité qui dépend de la communauté
du Nous et même de la communauté politique-populaire, ou
encore les différences entre des vérités ayant traditionnellement une validité générale et provenant du devenir sensible
vivant, tout ceci joue sans aucun doute son rôle, et même s'il ne
s'agit pas d'un rôle unique, ce peut être aussi, éventuellement
un rôle donnant la direction préparatoire. [Il en va de même] à
mesure que les limites de la communauté populaire et de sa
tradition unitaire se trouvent dépassées, à mesure que ce qui est
étranger du point de vue de la nation entre en commerce
réciproque.

Le Grec peut mépriser les Barbares. Les mythologies qui
lui sont étrangères, qui en tant que mythologies spécifient, du
point de vue de l'étranger comme pour son propre peuple, une
strate si importante du monde environnant pratique, peuvent
tout d'abord valoir pour lui comme barbares, stupides, tout à
fait erronées. Mais dans l'intimité du commerce s'amorçant
précocement et se poursuivant à travers les générations, et par
l'appréciation changeante des biens culturels étrangers, et
ce faisant, de l'intelligence étrangère et de son inventivité, de
son historicité, on pouvait pourtant aussi en même temps,
comme cela advint effectivement, se rendre compte du fait
qu'il y a pourtant toujours aussi, sur le fond des dissemblances
entre les mythologèmes propres [à une culture] et ceux qui
lui sont étrangers (les mythologèmes égyptiens, perses,
etc.), quelque chose d'extra-mythologique, le noyau d'une

objectivité identique compris en eux, au titre de l'identique, qui ne peut être aperçu que de manières diverses chez ces différents peuples et dans ces différentes mythologies. Ce sont pourtant le même soleil, la même lune, la même terre, la même mer, etc., qui sont faits mythes de diverses manières chez les différents peuples, conformément à leur tradionalité. Ce sont pourtant les mêmes choses qui ont pour les étrangers un sens religieux et qui, pour les Grecs, au marché, ont un prix.

C'est à partir de là que s'accomplit la première découverte | de la différence entre une existence en soi identique et ses **388** multiples modes d'apparition ou d'appréhension subjectifs. On pourrait pourtant se demander pourquoi la différenciation ne s'engage pas déjà avec les différences des appréhensions de la chose individuellement différentes, entrant cependant continuellement en jeu dans le commerce intersubjectif des hommes et des nations en particulier, et même, avec les différences des appréhensions du monde environnant diversifiées selon les classes sociales et les rangs, par exemple à l'intérieur d'une même vie nationale. Cependant ces différences et leur large compensation par ajustements réciproques relèvent de la forme bien connue de la quotidienneté au sein de laquelle se déroule la vie pratique normale. Justement, cette normalité n'est rompue que lorsque l'homme sort de son espace vital pour entrer dans celui d'une nation étrangère.

Il convient aussi de remarquer que la vie d'intérêts normale ne porte en elle aucun motif l'incitant à procéder à des observations générales à propos des relativités, et encore moins à porter analytiquement et descriptivement sa typique au niveau de concepts généraux. Manifestement, leur motivation provient de la science déjà à l'œuvre et intervenant dans l'éducation, ce que nous devons ici, pour ce qui concerne

le problème de l'origine de l'idée « science », laisser soigneu-
sement de côté.

Certes, si les relativités nationales internes, par-delà les cas
pratiques particuliers, fussent devenues généralement sus-
pectes, alors il en eût été de même, pour ces cas pratiques
particuliers, de la différence déjà indiquée entre le noyau
identique et les différents modes d'appréhension. Je m'en tiens
à ce qui est le plus simple dans le cas d'une nation ayant des
échanges internationaux comme la Grèce : en apprenant à
connaître les nombreux peuples étrangers et en étant ramenée
de l'intérêt premier porté à sa propre histoire à celui porté
à celle des peuples étrangers qui les entourent, apparaît
un intérêt spécifique à l'auto-compréhension de l'existence
spécifiquement nationale en regard des spécificités des
étrangers. À partir de là, des noyaux ontologiques identiques se
donnent maintenant au regard, auxquels se rapportent les
apperceptions adhérant aux modes relatifs au monde environnant des différents mythologèmes. Avec ce premier dépassement de ce qui existe identiquement (c'est-à-dire non pas
comme dépassement de ce qui est identique simplement dans
le cas de particularités, mais de manière universelle et à
l'échelle du monde, comme on le comprend avec la solidarité
traditionnelle et universelle en tant que mythe dans l'unité d'un
mythe englobant le monde), par-delà l'existence de l'homme
389 dans la tradition, s'accomplit la première | transformation uni-
verselle de l'étant au sens quotidien en simple appréhension
traditionnelle, subjectivement changeante de l'étant. Ainsi
s'accomplit donc une véritable révolution dans la formation
de sens [*Sinnbildung*] du monde. Auparavant, le monde était
compréhensible pour tout un chacun à partir de sa tradition
nationale en tant que monde environnant ouvert et infini et
ce même si, dans les régions inconnues, l'étant apparaissant,

complètement indéterminé, était pourtant anticipé selon la teneur de sens traditionnelle. Mais à présent, le monde est l'*universum* de cette chose identique, de son « étant » au nouveau sens philosophique du terme, dont l'être propre doit être tenu pour distinct de toutes les appréhensions traditionnelles.

<d) *Le changement révolutionnaire de la pensée en sens originaire de la philosophie chez les Grecs*

Au niveau pré-scientifique nous avons déjà de possibles questions portant sur le monde [*Weltfragen*], des questions d'une curiosité universelle, mais rapportées justement à ce monde de la tradition nationale, au sein duquel le mythique représente une strate générale, s'étendant jusqu'à la quotidienneté la plus quotidienne. Il y a toujours eu une soif de savoir à l'endroit du monde présente dans le mythe universel, une curiosité qui n'est pourtant pas là encore sans rapport à la pratique. En tant que savoir portant sur l'être et l'histoire du monde des dieux, [cette curiosité] est l'élément fondamental de la pratique « religieuse » et ainsi, par excellence, la chose des prêtres – bien sûr, cela ne conduit pas, chez les Grecs comme chez les Indiens, à une spéculation cosmologique se développant unitairement de génération en génération et que les générations philosophiques ultérieures peuvent ainsi aborder d'une certaine manière. Chez les Grecs cependant, la motivation rendue intelligible par leur propre interpénétration historique particulière et par leur développement national conduit à une question cosmologique d'un genre entièrement nouveau, c'est-à-dire d'une curiosité universelle, d'un θαυμάζειν qui laisse derrière lui tout attachement traditionnel naïf, en ce qu'il questionne l'étant en soi, l'« étant » complètement irrelatif et au-delà de la tradition. En quoi faisant, [cette

identiquement, *universum* qui s'étend à travers l'infini de tous les mondes situés, de toutes les humanités fonctionnant à leur égard comme leur support (qu'il s'agisse de notre nation ou d'autres nations selon une possibilité finie), se présentant en elles subjectivement et relativement sous des modes toujours nouveaux. Ainsi, avec l'« étant » philosophique, avec la connaissance par laquelle le monde philosophique est devenu tâche à accomplir, l'infini devient implicitement un thème, un infini qui était donné avec la relation en retour universelle à l'infini de l'ensemble de toutes les situations.

Je cherche ainsi à rendre intelligible, naturellement selon une interprétation qui était étrangère au philosophe de l'institution originaire, la transformation révolutionnaire du sens originel de la vérité et de la connaissance qui se produit avec la nouvelle attitude théorique. [Je cherche à rendre intelligible] ce que signifie le fait que les évidences pré-scientifiques de la possibilité indubitable de la conservation de toute visée aient été aussi tout simplement transférées, avec une naïveté compréhensible, à une connaissance du monde d'un sens nouveau, comme si la tâche de cette connaissance du monde était une possibilité de prime abord non remise en question, inconstestable dans la reconnaissance décisive de la vérité et de la fausseté selon des modes de connaissance tout à fait semblables, comme cela nous est familier dans le cas de la vérité quotidienne. Mais tous les concepts gnoséologiques se transforment pour ainsi dire intérieurement et on ne satisfait pas à leurs exigences par le fait que la $\delta\acute{o}\xi\alpha$ soit évaluée avec mépris, par le fait qu'on lui enlève les concepts d'être, de vérité, de fondation et de raison et que l'$\dot{\epsilon}\pi\iota\sigma\tau\acute{\eta}\mu\eta$ soit à présent proclamée seule raison véritable et que seuls les divers concepts qui lui correspondent soient proclamés authentiques.

392 Cette | naïveté se paie au centuple jusqu'au jour d'aujourd'hui.

Elle empêche que la fondation de l'$\dot{\epsilon}\pi\iota\sigma\tau\dot{\eta}\mu\eta$ sur la $\delta\delta\xi\alpha$ soit accomplie de manière satisfaisante, cette dernière ne devant aucunement être confondue avec la représentation aveugle, dépourvue d'évidence ou encore avec la simple imagination.

Le mélange continuel jusqu'à nos jours de la vérité scientifique en soi avec la vérité quotidienne estimée comme simplement « sensible », malgré toute la superbe scientifique, trouve déjà là aussi sa source – tout de même qu'il existe partout où l'expérience et l'induction sont discutées en tant que composantes de la méthode scientifique, en posant d'un côté le scientifique au-dessus de toute relativité quotidienne et en prenant avec mépris ses distances à son égard, tandis que d'un autre côté le quotidien ne peut pas du tout être thématisé comme sol et selon ses propriétés fondationnelles, puisque l'on substitue au sensible, par exemple dans le cas des sciences mathématiques, les concepts idéaux mathématiques et que l'on fait déjà du physique son être véritable.

Il n'est peut-être pas superflu, étant donné les habitudes de pensées régnant actuellement, d'indiquer expressément que la connaissance dans son existence pré-scientifique a un bon sens, un sens pour ainsi dire honnête, en ce qu'elle produit effectivement ce qu'elle prétend : la vérité qui, dans cette vie pratique naturelle, est toujours indispensable pour la pratique. Toute opinion est pourtant ici effectivement décidable selon sa vérité ou sa fausseté.

<L'INSTITUTION ORIGINAIRE DE LA PHILOSOPHIE ET LA TÉLÉOLOGIE INTERNE DE LA PHILOSOPHIE MODERNE>

<L'INSTITUTION ORIGINAIRE DE LA PHILOSOPHIE À PARTIR DE L'ATTITUDE THÉORIQUE>

Au fond, l'histoire entière de la philosophie est conforme à cette esquisse formelle, à l'idée de philosophie issue du nouvel intérêt théorique. Nous devons seulement porter attention au fait que les doctrines mises à contribution ne pouvaient pas, pour des raisons compréhensibles, rester tout à fait pures.

393 | Chez celui qui s'adonne à la philosophie (considéré non pas d'une manière générale, mais pendant le temps qu'il consacre à son « métier » philosophique), l'attitude naturelle et pratique de l'homme fait place à l'attitude théorique qui, comme une sorte d'*épokhè*, le délivre de la vie pratique des intérêts. Toute tradition en fait partie, même la tradition mythologique et la tradition religieuse proprement dite. Mais l'urgence de tels motifs traditionnels domine l'intention purement philosophique. Inconsciemment ou non, elle force la rigueur de l'attitude théorique, sauf si une énergie résolue œuvrant à sa préservation et à une sérieuse protection prend soin de cette dernière. Une philosophie régie par des motifs mythiques, par des motifs consciemment théologiques ne vise pas le but pur de la vérité théorique et nous savons que le but moderne de « l'humanité autonome » est justement issu de la réaction contre une philosophie théologisante.

Même la méditation portant sur les exigences d'une pure théorie, même les perturbations résultant de motifs historico-théoriques font donc partie de la méthode, pour autant que l'on laisse justement, comme il se doit, l'idée de la philosophie comme science naître originellement de l'attitude théorique.

La méthode requise pour découvrir ces vérités supra-relatives présuppose une méthode de protection de l'intérêt strictement théorique, auquel la vérité philosophique est liée. Les exigences de cette double méthode sont les conditions de possibilité d'une philosophie – d'une philosophie pure.

Il faut encore faire ressortir un troisième élément essentiel de la méthode, auquel renvoie notre propos qui soulignait la naïveté de l'anticipation. Car ce qui se trouve déjà suggéré par là, c'est l'idée que cette naïveté a elle-même besoin d'une confirmation, et que le but d'une philosophie ne peut être pré-supposé comme allant de soi, comme un but possible, comme un but riche de sens d'un point de vue pratique ou, ce qui revient au même, comme le but d'une vérité en soi universelle et valable inconditionnellement, s'élevant par-delà toute la relativité des situations, des traditions, comme la vérité en soi, universelle, inconditionnellement valide et sublime qui habite les personnes se consacrant à la philosophie. Cette troisième rubrique des exigences de la méthode se révèlera peut-être particulièrement importante, voire la plus importante de toutes, si étrange que cela puisse paraître, par rapport à nos conceptions habituelles et par rapport à la tradition immé-moriale de l'histoire de la philosophie qui ne fut jamais exa-minée sous tous ses aspects de manière satisfaisante, de mettre radicalement en question le but de la « philosophie elle-même », la possibilité riche de sens d'une philosophie, de ne pas accepter, et donc de présupposer, la science objective, dans ses particularités et en tant que philosophie universelle **394** | comme un fait [*Faktum*], mais au contraire de remettre en cause à nouveau le fait lui-même à la lumière de la possibilité.

Il va de soi que l'on présuppose aussi une raison universellement humaine, la faculté de connaître les choses telles qu'elles sont en soi ou plus précisément de connaître des vérités inconnues mais existant en soi, par lesquelles les choses peuvent être connues dans leur être non-relatif.

Avec cette anticipation d'une tâche d'un genre nouveau issue de l'universalité de l'intérêt théorique nouvellement institué, l'institution originelle de la philosophie, de la science de l'*universum* de l'« étant », se trouvait accomplie. Évidemment, l'idée de sa tâche était tout d'abord une pure généralité, complètement vague et essentiellement distincte de toutes les tâches et de tous les projets pratiques dans la mesure où pour ces derniers, le but ne peut jamais être absolument *nouveau*, quand bien même on le conçoit pour la première fois, mais peut seulement croître et avoir crû comme une modification compréhensible de buts familiers, déjà réalisés depuis longtemps. Chaque invention artisanale en est un exemple, tout de même que les inventions des singes de Köhler. Par conséquent, il manque au philosophe une image à construire préalablement en toute clarté par l'intermédiaire d'une imagination [*Phantasie*] formante et transformante, une image préalable de <ce> qui est visé au titre de philosophie. Ensuite se développent les premières tentatives naïves [engagées en vue d']établir des vérités philosophiques à travers les généralisations puériles à partir des causalités familières de la vie quotidienne et peu après le philosopher conduit à différentes philosophies qui chacune à leur manière cherchent à atteindre le but de la « φύσις ».

On comprend aisément que cette division en « systèmes », très tôt déjà, ne pouvait manquer de motiver des réflexions méthodiques, au rang desquelles il faut compter la critique des concepts exploités par la pensée philosophique – c'est-à-dire des significations lexicales générales qui sont extraites de la langue qui n'est pourtant originellement appropriée qu'aux finitudes de la vie dans le monde environnant pratique humain, qui sont [ensuite] naïvement exagérées et en effet prises en charge par l'observation philosophique universelle du monde, comme par exemple les concepts d'« être », d'« unité », d'« identité », d'« égalité », du « devenir », de la « raison », etc. La tradition nous montre comment l'activité philosophique se déroule, dans les écoles et de génération en génération – et inévitablement dans un débat continu qui met les uns aux prises avec les autres, à travers la disputation des obscurités procédant de la formation de concepts mis à l'essai et des philosophies qui se séparent dès lors à plus forte raison, obscurités qui ne se résolvent pourtant jamais complètement.

| (Que ces philosophies poursuivent en fait et même tout **395** à fait consciemment, selon toutes les configurations systématiques, une seule et même tâche – la vérité « objective », c'est-à-dire universelle pour le monde, pour le monde qui existe en soi – cela s'atteste de manière évidente dans le fait que les philosophes débattent constamment entre eux, qu'ils argumentent les uns avec les autres ou les uns contre les autres. Il allait ainsi continuellement de soi, au plus haut point, sans qu'il ne soit pour cela nullement besoin d'une mise en relief explicite ni d'une fondation particulière, qu'il existait une vérité comprise comme un bien commun à tous, même s'il fallait la gagner par le travail et que les diverses philosophies

étaient des tentatives subjectivement variables [engagées en vue de] réaliser cette tâche qui, en tant que telle, représentait pourtant le même but œuvrant en chacune d'elles.)

Ainsi l'identité du but possible, réalisable, tenu pour allant de soi, était et demeura un lien spirituel qui reliait intérieurement entre eux les philosophes de toutes les époques et corrélativement, toutes leurs philosophies, c'est-à-dire en contribuant à l'unité d'une socialité très particulière, s'étendant à travers les personnes et les écoles singulières de chacune de ces époques (du présent correspondant), une socialité précisément des « scientifiques », des philosophes, par-delà l'espace et le temps.

Compte tenu des préjugés actuellement à la mode, je juge nécessaire de souligner explicitement qu'au travers des généralités formelles qui viennent d'être exposées, on ne songe nullement à une orientation de l'histoire de la philosophie vers ce que presque tout le monde de nos jours comprend par [le terme de] science, c'est-à-dire vers une vérité objective au sens de la « science positive », de la « *science* » ou, autrement dit, au sens du rationalisme moderne inauguré par Descartes.

En outre, il serait aberrant de considérer que la philosophie phénoménologique aurait justement l'intention de réaliser d'une manière plus achevée qu'auparavant ce concept de science et par suite la philosophie comme science du monde positive et universelle, réunissant synthétiquement toutes les sciences positives particulières. Notre interprétation de l'histoire de la philosophie à partir de l'institution originaire d'une tâche socialisante et se transmettant désormais par héritage à travers les époques ne fait rien de plus que satisfaire aux exigences des faits, sans que l'on prenne une quelconque position quant au droit de l'anticipation | explicitement **396** caractérisée comme vague et naïve du sens de la tâche de la philosophie, ou plus précisément, quant à cette conception d'une ἐπιστήμη humaine universelle [développée] au prix la dévalorisation de la δόξα pré- et extra-scientifique, telle que nous la connaissons historiquement. Pour nous, tout ceci deviendra plutôt un problème.

Pourtant je ne peux pas poursuivre sans anticiper quelque peu. Mais il est ici plus important d'affronter l'objection selon laquelle la conception exposée de l'histoire de la philosophie ne constaterait pas simplement un fait historique, mais en serait une interprétation, donc une sorte de substruction des faits, pour laquelle toute preuve ferait défaut. Rien n'atteste de cette institution originaire de la philosophie, de cette conversion [*Umstellung*] des premiers hommes philosophant à partir de l'attitude pratique naturelle, dirigée vers les intérêts qui régissent à chaque fois la vie pratique, en une attitude théorique universelle. Les premiers « physiciens » se prononçaient selon les expressions héritées du passé à propos de l'eau, de l'air et autres choses semblables en tant qu'ἀρχαί universels, mais non à propos de leurs attitudes. Or les fanatiques du fait historique eux-mêmes ne sont guère disposés à compter d'emblée les interprétations hypothétiques que nous proposons au rang d'hypothèses « sauvages », d'autant plus qu'eux-mêmes débordent presque constamment [du cadre] de ce qui est effectivement documenté pour [verser] au fond tout pareillement dans des interprétations hypothétiques. On peut aussi parler de reconstruction, l'historien reconstruit le passé. Nous laissons de côté le problème de savoir comment une telle construction, qui est une reconstruction, trouve sa confirmation, quelle est sa portée, en quelle mesure elle est une constatation objective. Il en va de même pour le problème parallèle et dans le même temps inhérent de la reconstruction d'un passé particulier avec la question de savoir si toute confirmation objective d'un jugement lié à un souvenir ne présuppose pas un laisser-valoir [*Gelten-Lassen*] du souvenir, malgré ses possibilités d'erreur, avec la question de savoir s'il existerait une possibilité raisonnable qui mettrait en évidence objectivement que le souvenir est en général trompeur, etc.

Ainsi laissons-nous par conséquent aussi de côté notre reconstruction de l'institution originaire de la philosophie issue de cette reconversion théorique, bien qu'il soit très important pour notre cheminement d'acquérir une connaissance approfondie de l'unité de la tâche d'une socialité philo-sophante née d'une institution originaire et de nous frayer, à partir d'un projet particulier, par la démonstration [de l'existence] d'une unité téléologique interne de l'histoire de la philosophie, un chemin jusqu'à la philosophie elle-même, **397** | jusqu'à sa véritable méthode et jusqu'à son commencement irrévocable, et d'y trouver des forces. Cela semble de toute façon paradoxal, puisque l'on caractérise habituellement les considérations historico-téléologiques comme relevant de la philosophie de l'histoire, de telle sorte qu'il peut sembler que nous nous trouvions ici devant un cercle : vouloir fonder la philosophie en général par des constatations philosophiques. Cependant le paradoxe n'est que d'ordre terminologique. Car s'il est juste de voir en tout homme un être téléologique en tant qu'il vit selon des fins, il en va de même pour une socialité humaine comme celle de la socialité philosophique : il est justement dans l'intérêt de la philosophie de parvenir finale-ment à une condition de possibilité de son « en soi » et d'examiner soigneusement cette dernière « téléologie ».

\<LA TÉLÉOLOGIE INTERNE DE LA PHILOSOPHIE MODERNE\>

Faire de la philosophie signifie par conséquent que l'on ne sait pas encore si la philosophie est, au fond, un projet possible, ni en quel sens véritable, authentique. Et tous les efforts déployés pour élaborer une méthode sont peine perdue tant que \<la\> possibilité de la philosophie elle-même ou, ce qui revient au même, la possibilité de l'activité philosophique elle-même, n'est pas parvenue à l'évidence appropriée que seule la méthode procure.

Après ces considérations, il est compréhensible que la « téléologie » dont nous avons attesté l'existence dans la philosophie moderne ne peut devenir une téléologie au \<sens\> fort qu'en raison du fait que nous intervenons nous-mêmes, à travers notre liberté, dans l'histoire à laquelle \<nous\> sommes associés pour en faire alors une téléologie authentique, c'est-à-dire l'un de ces mouvements historiques où s'accomplit effectivement une idée téléologique s'étendant de manière intersubjective. Cette première téléologie impliquait seulement que la réforme cartésienne de l'idée de philosophie ou plus précisément, de sa méthode de fondation subjective de la connaissance, se propage dans l'activité philosophique de ses successeurs et demeure pourtant en elle-même la même idée, en dépit de tous les déplacements subjectifs confus. Mais il n'est pas dit par là que cette tâche qui s'étend à travers l'intersubjectivité philosophique se réalise jamais (pas même une fois, ni si et comment elle est une philosophie possible), qu'il s'agisse d'aller de soi-même complètement au terme en une sorte de détermination téléologique aveugle, à la manière de la croissance et de la maturation des organismes, ou qu'il s'agisse | d'une attitude et d'une définition de tâche **398** d'un genre nouveau par rapport à l'activité philosophique traditionnelle et naïve.

En fait, depuis Descartes, la philosophie ne présente rien moins que le tableau d'une téléologie s'accomplissant. Chaque tentative d'assomption d'une philosophie ne sert qu'à l'édification d'une nouvelle philosophie et non à la continuation progressive et complémentaire de l'ancienne philosophie. En vérité, un achèvement n'est possible qu'à travers une libre activité particulière et particulièrement dirigée. Dans sa compréhension historique, elle doit être caractérisée comme une prise de position libre par rapport à la tradition, par rapport à l'idée « philosophie » dont on dispose déjà par héritage et comme une nouvelle critique productive par laquelle cette idée, cette idée cartésienne, parvient « à elle-même ». (Il y a là naturellement une question critique en retour qui se demande à quoi l'on veut en venir en réalité avec le sens de la méthode nouvellement établi par Descartes.)

Mais cela est apparemment possible de deux manières. Il n'est en effet pas nécessaire de remonter expressément l'histoire jusqu'à Descartes puisque nous le portons pour ainsi dire en nous et ce, sans avoir à le savoir. L'une des deux voies [possibles] consiste ainsi à nous interroger plus précisément sur notre idée subjective, sur notre propre idée de la philosophie, sur l'intention qui régit notre activité philosophique et à nous rendre compte de ses obscurités pour chercher à les clarifier. Cela suppose cependant, d'après ce qui vient déjà d'être brièvement indiqué, comme pour tout projet pratique, la clarté de la voie d'exécution, c'est-à-dire du point de départ, du commencement et du développement de la méthode adéquate et évidente. En exerçant de cette manière une auto-méditation [*Selbstbesinnung*], en cherchant à clarifier ce que j'attends au fond de mon activité philosophique, en exerçant une critique radicale sur les méthodes employées de fait jusqu'à présent, je ne fais au fond rien d'autre que ce que Descartes aurait pu et dû faire avec son institution originaire pour saisir « lui-même » son sens véritable, pour saisir sa méthode en sa vérité (cette vérité pratique que l'on appelle théorique) et ainsi pour la réaliser authentiquement en tant que philosophie. Mais je procède de la sorte, sans remonter l'histoire jusqu'à Descartes, et je parviens pourtant à l'*ego*, au centre du travail philosophique transcendantal et à son sol, ainsi qu'à ce qu'une méthode clarifiée gagne thématiquement avec l'*ego*. (Cependant, à bien y réfléchir, il faut plus encore : une méditation rationnelle, et cela ne désigne rien d'autre que le fait de rendre évidente, au cours de la clarification, la manière d'agir possible en pratique (en le réalisant de manière « intuitive », |quasiment comme si **399** j'agissais effectivement.)

Cela ne suffit pas, le commencement réel est l'activité elle-même, elle seule avère parfaitement la possibilité dans la réalité effective. Les présentifications anticipatrices, le fait de comprendre intuitivement quelque chose au titre d'une clarification préalable, comme si l'on « prenait les devants », cela n'est jamais d'une parfaite clarté. L'évidence anticipatrice de la méditation est un préliminaire nécessaire, mais ce n'est qu'un préliminaire. Le commencement véritable est donc l'activité, la manière d'agir elle-même en tant que commencement de la philosophie elle-même, s'attestant comme commencement effectif, comme toute réalisation parvenant à se réaliser de manière originaire, comme toute action originaire, et ce seulement par ce qui existe en soi-même à travers cette originarité, celle du but lui-même et de la voie, de la continuité des intermédiaires, des moyens et des buts en soi.)

Ce serait donc la première voie anhistorique vers une philosophie accomplissant parfaitement la tâche philosophique ; en elle, l'historique est certes actif, mais il est dissimulé. Telle était ma propre voie, ma voie originaire, qui débutait donc immédiatement, dans mes *Idées directrices*[1] (sans aucune question en retour d'ordre historique) avec l'ouverture de la « réduction phénoménologique » vers l'*ego* en tant que méthode qui est accessible sans autre forme de procès à nous, philosophes modernes.

Dans cet essai, j'ai choisi une voie qui est, à tout prendre, comme je le crois, meilleure et plus instructive, c'est-à-dire celle de l'attestation méthodique de la téléologie interne dans l'histoire moderne – celle qui débute avec l'exposition de l'historicité interne de la philosophie moderne, la téléologie au sens premier, littéral, d'une propagation de l'*idée cartésienne* dans la modernité, où s'imposent tout de suite et du premier coup les obscurités et les déplacements de l'intention, chez Descartes lui-même, puis ensuite chez ses successeurs. Eu égard à l'avenir et à notre propre projet, les mouvements qui vont de Descartes à Leibniz et Hume en passant par Locke et de Descartes à Wolff et Kant en passant par Leibniz furent d'une importance particulière. Mais ce tour d'horizon critique ne fait qu'indiquer par avance la démarche effective, difficile 400 comme je l'ai déjà dit, parce qu'elle se tient à distance | de l'ensemble des anciennes voies philosophiques, c'est-à-dire la

---

1. [E. Husserl, *Hua III-1. Ideen zu einer reinen Phänomenologie und phänomenologischen Philosophie. Erstes Buch : Allgemeine Einführung in die reine Phänomenologie*. 1. Halbband. Text der 1.-3. Auflage, K. Schuhmann (hrsg.), Den Haag, M. Nijhoff, 1950, p. 122 *sq*. [trad. fr. par P. Ricœur, *Idées directrices pour une phénoménologie et une philosophie phénoménologique pures. Tome premier : introduction générale à la phénoménologie pure*, Paris, Gallimard, 1950, p. 187 *sq*.]]

voie déjà indiquée de la position courante à l'égard du traditionnel et de la critique productive. La critique doit maintenant pénétrer plus avant. Elle ne doit par exemple pas confirmer ce qui a été dit auparavant d'une manière générale et avec peu de mots ; à travers eux, elle doit porter l'idée de la philosophie et de sa méthode à cette clarté pleinement satisfaisante, la possibilité de l'évidence de parvenir à une auto-donation originale, à un remplissement effectif de la tâche philosophique moderne, c'est-à-dire la transformation de l'inauthentique téléologie en une téléologie authentique.

Ce qui est voulu et ce qui doit être voulu ici ne peut être atteint par aucune des argumentations bavardes et creuses qui ont cours contre le rationalisme, le méthodisme et le logicisme. Il se peut que ce que l'on appelle l'« esprit du temps » et ce qui s'exprime dans la vaste littérature journalistique se soit détourné de l'idée de la philosophie comme science universelle et que cette sorte de théorie ait subi une certaine dévalorisation. Même si la philosophie est à présent devenue un titre pour des visions du monde irrationnelles se complaisant dans le mysticisme, on ne peut pas, en définitive, complètement abandonner la science, qu'il s'agisse d'une science particulière ou de la science universelle, pas moins que la technique qui repose sur elle – quel que soit le recoin perdu où elle se trouve exilée. Si l'on doit reconnaître en fin de compte qu'il constitue une fonction nécessaire pour l'humanité, qui reste prétendument, comme toujours, à délimiter, alors le problème d'une fondation radicale d'une science radicale doit être posé, maintenant comme auparavant, comme un problème nécessaire et une fois ceci reconnu, comme un problème immortel – jusqu'à ce qu'il ait trouvé une clarté et une résolution qui lui conviennent.

En d'autres termes, avec le traitement égoïque cartésien et avec la modernité qui en est issue, rien n'est fait et la science – dans quelque sphère de l'humanité que ce soit – est une tâche, une tâche non remplie par la science advenue à travers obscurités et mécompréhensions de soi-même. Il ne tient ensuite justement qu'à nous de réaliser cette tâche, nous qui l'avons à présent assumée. Et nous ne nous laissons pas contester ce titre d'une longue légitimité simplement parce que d'autres, qui du reste ont eux-mêmes grandi avec cette tâche, se sont déchargés des efforts de sa réalisation par l'abandon de celle-ci.

401 | Comment ma voie « historique » peut-elle y pourvoir ? Quelle sorte de critique nous laisse ici plus d'espoir que l'habituelle auto-critique que tout scientifique au travail doit exercer de toute façon, et qu'il exerce aussi assurément ? Et chacun connaît plus ou moins l'histoire et naturellement les discussions critiques avec les « grands » philosophes du passé ne font pas défaut, ces philosophes réalisant leur idée philosophique en système avec l'extrême sérieux de l'auto-responsabilité scientifique. Pourquoi cela produit-il des philosophies, mais non la philosophie ? Pourquoi cela produit-il seulement des sciences et des techniques soi-disant positives, hautement utiles et pourtant à distance de la vérité à laquelle on prétend, au lieu de conduire effectivement intuitivement à elle ? Il n'y a là qu'une seule réponse possible : celui qui vit dans la tradition et en a accepté une tâche (par exemple par le biais d'un enseignement), qui voit son métier dans son exécution, qui vit pour la philosophie en philosophant (à partir de la tradition), celui-là se médite lui-même d'une autre manière que ce qui est exigé dans notre cas. Il explicitera seulement ce qu'il a, ce dont il est certain et ce qui lui est de toute façon explicite dans les diverses philosophies dont il a historiquement connaissance.

Il devait arriver un philosophe qui s'apercevrait que l'adoption de la tâche philosophique à travers la tradition assumée, à partir de l'école ou de l'instruction littéraire, ne désignait pas encore la possibilité intuitivement évidente de la tâche ou, ce qui revient au même, la méthode donnée exclusivement par cette intuition évidente ; un philosophe qui s'apercevrait aussi que la philosophie, en tant que projet personnel, ne peut être réalisée qu'au titre d'une responsabilité personnelle et seulement à travers une activité responsable personnelle ; un philosophe encore qui ne serait pas seulement motivé par l'idée de s'élever par la critique au-dessus de la tradition historique (en exerçant donc d'abord à son endroit une *épokhè*) mais au contraire aussi motivé par avance à l'égard de la tâche spécifique régissant sa vie professionnelle – puisqu'en celle-ci réside aussi un préjugé trouvant son origine dans la tradition, un préjugé concernant la possibilité et la méthodologie éventuellement déjà employée et provenant pourtant elle-même de la tradition.

Une *épokhè*, en tant qu'attitude d'absence de préjugés – au sens où la tradition universelle est mise hors d'action, au sens où se dérobe la force qui la fait agir comme validité ayant fonction de prémices – devait donc à nouveau, au titre d'élément fondamental de la méthode philosophique, s'opposer et se substituer à tout ce qui portait le nom de méthode, | en parti- **402** culier toutes les méthodes théorético-techniques d'ordre pratique, pourtant si utiles, des mathématiques et des autres sciences. Ce n'est pas en enrichissant, en améliorant ces méthodes qui présupposent toutes pourtant déjà la possibilité, la validité, le projet de la « science » en tant que tradition, mais par cette *épokhè* que l'*ego* pratiquant la philosophie gagne la possibilité d'une évidence libre, en accord avec elle-même quant à ce qui est du but et de la méthode. Sa volonté prive la tradition de ses forces et elle a désormais la possibilité d'une critique et d'une prise de décision libres et radicales. Il ne peut dès lors plus se contenter, comme d'habitude, de présentifier de nouveau la tâche « philosophie » qui vaut pour lui par avance, et de la clarifier pour lui-même tant bien que mal. Il doit au contraire questionner cette tâche selon sa possibilité, développer la méthode de sa clarification accomplie et chercher les éléments fondamentaux de sa possibilité.

On comprend maintenant, dans ce premier moment, la différence entre l'auto-critique et la critique réciproque naïves des philosophes à travers l'unité historique de la tradition et la critique exercée à travers l'*épokhè*, selon une méthode radicale et consciente. L'évidence naïve du sens téléologique de la philosophie existante dans son unité, en tant qu'il s'agit d'un sens nous reliant évidemment entre nous et avec toutes les philosophies passées est maintenant devenue problématique. C'est ainsi précisément que le sol de la critique simple et naïve des idées et des théories de ces philosophies se dérobe et se trouve hors-jeu. Maintenant, le thème primaire et particulier est celui de l'obtention de l'évidence [*Evidentmachung*] (positive ou négative) du sens téléologique de la philosophie, lequel du reste manque d'une clarté originelle dans toute la tradition non pas pour des raisons accidentelles, mais bien pour des raisons nécessaires. L'intention d'une clarification radicale, parfaite, conduit soit, positivement, à la connaissance de la teneur de sens [*Sinnhaftigkeit*] de la philosophie, à son être-même véritable et particulier en tant que projet, ou pour le dire différemment, à l'évidence originaire de sa « possibilité », ou bien, et cette éventualité doit rester ouverte par avance à l'évidence de l'absurdité d'un tel but, à la contradiction évidente de ses composantes supposées, telles qu'elles parviennent à l'évidence.

L'intention première et fondamentale est donc la critique du défaut de clarté, mais positivement orientée, il s'agit de l'intention d'une clarification ou plus précisément d'une auto-donation de la possibilité du but «philosophie» en lui-même. La critique nous mène ainsi bientôt aux réserves tradition-nelles sédimentées, | à ce que nous avons appelé la techni- **403** cisation théorique et en rapport avec elle, aux déplacements de sens qui confèrent à l'évidence obtenue par l'exercice correct de la méthode technique l'apparence de l'évidence philosophique, authentiquement scientifique. Au cours de la section précédente (en guise d'ouverture), nous avons à cet égard donné des exemples importants, en particulier dans les paragraphes sur Galilée[1]. En outre, au cours des développe-ments relatifs à Descartes et à sa fondation de la modernité, nous avons indiqué les défauts de clarté qui gisaient en réalité dans sa méthode du retour au sol originaire de l'*ego* et ce qui s'est trouvé reconduit à travers eux. Par la suite, les destinées de la philosophie ultérieure, en laquelle la méthode cartésienne se propage à travers des transformations, prolongèrent cette voie. Mais cela [vaut] seulement en tant que moyen de l'inter-prétation préalable pour frayer à partir de là, à travers l'appro-fondissement critique, dans cette historicité, le chemin vers une historicité subjective transcendantale, la seule historicité authentique et originaire.

---

1. [*Hua VI*, p. 20-60 [*La crise des sciences...*, p. 27-69]].

<L'IDÉE TÉLÉOLOGIQUE DE LA PHILOSOPHIE ET SA JUSTIFICATION>

<Le *TÉLOS* CACHÉ DE LA PHILOSOPHIE,
LA « SCIENCE DE L'*UNIVERSUM* DE L'ÉTANT »,
EN OPPOSITION AU BUT DE LA PHILOSOPHIE DÉFINI
PAR CHAQUE PHILOSOPHE EN PARTICULIER>

Nous allons à présent montrer que l'histoire prise en ce premier sens, en ce sens qui est en réalité pour nous nécessairement premier <c'est-à-dire au sens de l'histoire des faits>, peut porter en elle une autre histoire, plus profonde et plus significative, à vrai dire au fond la seule qui soit vraiment significative, celle dont il est en tout cas toujours question lorsque l'on a tenté de parler des « idées » dans l'histoire, et plus précisément en un sens particulier, à savoir en tant que puissances historiques. Ce que nous avons en vue ne concerne que l'histoire de la philosophie. Peut-être que son attestation, apparemment tout à fait spéciale (étant donné que l'on est si habitué à considérer la philosophie comme une culture spéciale aux côtés et parmi d'autres formes culturelles) acquiert pourtant, à partir d'elle-même, en même temps, une signification universelle, | et plus précisément, en vue de la connaissance de la possibilité et de l'effectivité (nous

employons maintenant ce mot en toute connaissance de cause)
d'une téléologie régissant « de l'intérieur » l'histoire factuelle.
Aux côtés de la causalité motivationnelle décrite plus haut,
thématisée par l'historien, il doit donc y avoir une autre forme
de causalité, une causalité cachée dans les motivations et les
pensées personnelles qui se manifestent effectivement, une
causalité des « idées » préconçues, devinées, pressenties dans
la vie de l'humanité (de la façon dont cela se produit, naturellement et naïvement). Mais ici tout spécialement, dans
la vie de la communauté des philosophes, il s'agit de l'idée
« philosophie » en tant que but de vie commun, qui vaut pour
tous leurs sens et toutes leurs pensées. Cependant il nous faut
opérer une distinction : d'un côté, l'idée téléologique délibé-
rément directrice d'un philosophe, telle qu'il l'élucide analytiquement selon sa définition de la philosophie, de l'autre,
l'idée non formulée de la philosophie qui repose là-derrière,
l'idée cachée, agissant subrepticement en lui et en tout philosophe, et qui est la force motrice de l'histoire entière, à travers
le procès historique et à travers les époques, à travers les
philosophes avec leurs philosophies.

Chaque philosophe l'a « en vue » d'une manière qui lui est
propre. La philosophie à laquelle chaque philosophe aspire
explicitement, le but de la « philosophie » qu'il définit tant
bien que mal, le système qu'il expose à partir de ce point de vue
selon la méthode qui lui convient, tout ceci varie beaucoup
dans le cours des époques et selon les philosophes. Cela existe
dans l'histoire sous la forme d'une transformation continue,
bien que les séries de philosophies, vues de l'extérieur,
présentent une parenté typique et une connexion historique.
Mais derrière ce qui est apparemment visible en surface se tient
cachée une tendance vers un but identique, vers une méthode
identique, vers une forme d'œuvre qui veut se manifester sous
cette forme et qui pourtant ne perce pas encore.

Or il y a ici une contingence difficile, inévitable dans tout discours de ce genre : ce qui se manifeste, au titre de l'idée téléologique de la philosophie, dans la forme correspondante, définie par exemple dans le philosophe en question, c'est son propre but volontairement déterminé qui, en se répercutant complètement, à travers la communautisation philosophique avec ses pairs, par la critique mutuelle et par son assomption ayant valeur d'approbation, procurerait une parfaite satisfaction à lui-même comme à tous. Il voit son but comme étant le but universel de philosophes qui ne sont pas en simple **405** coexistence avec lui ; | il voit sa voie, sa méthode comme étant celle de la philosophie, celle qui est à réaliser identiquement *idealiter* par les efforts méthodiques de tous à travers la variabilité de la révision et des compléments. *Idealiter*, ce mouvement historique va vers un résultat universel dans l'intuition évidente parfaite, un résultat – *idealiter* – accessible à tous. Et pourtant, cette idée d'une méthode donnant à tous satisfaction, les conduisant tous par l'intermédiaire d'une raison à la véritable philosophie, est déterminée par le philosophe en question, c'est-à-dire par la représentation qu'il s'en fait. Ainsi a-t-il conçu, défini sa tâche et ainsi l'accomplit-il, dans son projet de système, comme étant la sienne et celle de tous.

Cependant il apparaît précisément dans l'histoire factuelle que d'autres philosophes ont une représentation différente de « la » philosophie. Dans le meilleur des cas, un cercle de disciples le suit et développe ultérieurement systématiquement l'idée d'une philosophie faisant école. L'évidence [*Evidenz*], la conscience d'être soi-même au but, de le réaliser effectivement soi-même, anime toute école, mais les résultats sont divers, en correspondance avec les diverses représentations téléologiques.

Nous remarquons donc constamment que la philosophie est une tâche, le but d'une œuvre qui doit s'accomplir dans l'œuvre aboutie. Comme nous l'avons dit, cette tâche a d'avance chez les philosophes un modèle, la forme d'un but représenté et pourtant, faut-il ajouter, elle a une forme universelle à partir de l'institution originaire de la philosophie, une forme qui doit être interprétée à peu près en ces termes : elle est « science de l'*universum* de l'étant en tant que science pour tout être raisonnable, pour tout être qui pense sous le régime de la pure *épistémè* et qui mène aux formations d'une connaissance du monde ultimement valable ».

Avec ce modèle, ce n'est nullement une pleine déterminité qui se trouve donnée. Le sens que n'importe quel philosophe met sous de tels mots-clefs (et quels que soient les termes particuliers qu'il puisse choisir pour le même sens) et qui parvient ensuite, dans la philosophie systématique, à la forme d'accomplissement de l'œuvre marquée de son empreinte n'est en rien quelque chose d'effectivement déterminé. Certes, à y regarder de plus près, cela vaut aussi pour la conceptualité de l'œuvre, c'est-à-dire pour cette œuvre qui est pourtant une œuvre de concepts. De tout temps, la philosophie factuelle fut imprécise et il ne s'agit pas là d'un destin imposé en raison des contingences dues aux défaillances de la connaissance humaine, mais du destin de toute formation conceptuelle et pour parler universellement, de toutes les formations philosophiques, pour des raisons essentielles. Cette imprécision, en tant qu'il s'agit de quelque chose qui se situe tout autour, mais qui n'est pas saisi, | qui constitue un fond informe, est difficile à concevoir. **406** Nous ne serons pas assez naïfs pour tenter d'y remédier à l'aide de définitions scolaires, avec les artifices de la logique et de la logistique, puisque ces disciplines, en tant que moyens de la science universelle, relèvent elle-même de ce problème et participent elles-mêmes de la destinée de cette imprécision.

Pourtant, nous en saisissons ici quelque chose. La philosophie, dans ses diverses formes imprécises, est la philosophie comme fait de la culture universelle, et comme telle, tant bien que mal, universellement intelligible, objectivement là. Mais, même si nous le comprenons bien, il reste dans cette factualité, comme nous l'indiquions, un « *télos* caché » qui reste incompris. Comment pouvons-nous à présent rendre ce que veut dire ce mot ? Leibniz disait de Descartes qu'il était resté dans l'anti-chambre de la vérité. Mais Kant ne pourrait-il pas en dire autant de Leibniz, de même que tout philosophe à propos de tout philosophe ? Le philosophe, dans sa singularité, peut croire, tout à son exaltation, qu'il a traduit dans les faits le projet « philosophie », c'est-à-dire qu'il a, avec son système, ouvert la voie à « la » philosophie.

<L'UNITÉ DE LA PHILOSOPHIE, EN TANT QUE *TÉLOS* DÉFINI
À PARTIR DE L'INSTITUTION ORIGINAIRE, DISTINCTE
DE LA PLURALITÉ DES PHILOSOPHIES>

Mais un système succède à un autre. Les philosophies, dans leur pluralité, ne sont pas les œuvres d'une catégorie. La philosophie, en tant que fin, n'a pas de pluriel. Tous les philo-sophes aspirent à la philosophie, laquelle est unique à leurs yeux. Considérer la philosophie, en quelque sorte, comme un genre artistique nouveau et merveilleux, comme une « poésie conceptuelle » qui satisfait à chaque fois un « besoin méta-physique » de l'homme (quelque chose comme un besoin de s'imaginer un monde plus beau) et qui, en guise de philo-sophie, ne pourrait être et ne pourrait s'efforcer d'être rien d'autre que cela, cela revient à exiger de l'humanité qu'elle veuille et puisse se satisfaire d'une fiction, de l'illusion d'une « philosophie du comme si ». La représentation fictive d'un paysage (qui présente à notre regard, en tant qu'il s'agit de quelque chose de beau, une réalité possible, encore plus belle) est précisément un paysage possible et la fiction d'une philosophie qui correspondrait à nos besoins et nos désirs représenterait à nos yeux une philosophie possible. Cependant, la possibilité d'une philosophie implique, au registre de la certitude de cette possibilité, la certitude de la prendre au sérieux en tant que philosophie, de la penser comme à son terme, de pouvoir la vérifier ou non | par la critique. Et il faut aussi y **407** ajouter la certitude de pouvoir prendre au sérieux, dès la définition de l'ensemble de la tâche, l'imprécision et le manque de clarté de ses concepts et de ses justifications ; la certitude de tirer ensuite au clair le fait que la représentation cognitive supposée d'un monde plus beau, ou en tout cas du monde donné, mais de manière feinte, n'est nullement une illusion réelle comme l'est celle d'un paysage ; la certitude d'expliquer aussi que la possibilité d'une telle représentation, si tant est qu'il s'agisse d'une authentique représentation, devrait d'abord être réfléchie et méditée et qu'il pourrait alors en résulter que toute l'idée de la philosophie, y compris celle qui est considérée comme possible sur le mode du « comme si », puisse être soumise à la critique de sa teneur de sens ou de son absurdité et être éventuellement radicalement modifiée.

En tout cas, tous les philosophes ont voulu en venir à la philosophie. Mais jetons à présent un regard à l'histoire de la philosophie – que signifie ici et dans ces circonstances « développement » ? L'imprécision demeure-t-elle toujours la même ou la philosophie, en tant que type culturel, n'adopte-t-elle pas seulement des formes toujours nouvelles et plus riches ? La communauté totale des philosophes et des générations de philosophes ne ressemble-t-elle pas à un homme qui est « dans un obscur élan », à travers diverses erreurs et

confusions, pourtant conscient du « droit » chemin ? La philosophie apparaît dans le monde humain, toujours à partir de
motivations historiques issus de celui-ci, comme un projet
d'un genre nouveau, comme une idée d'œuvre d'un genre
nouveau – et non comme un type traditionnel de projets qui
sont déjà réalisés dans les œuvres. Elle a une « institution
originaire » dans les personnalités qui cherchent, « dans un
obscur élan », à la réaliser par des œuvres. Il réside pourtant
dans l'imprécision quelque chose comme une évidence, une
évidence de la possibilité de pouvoir réussir l'œuvre. Si les
philosophes n'assument pas les projets, les méthodes, les
philosophies effectives des uns et des autres et s'ils aspirent à
la philosophie dans la coexistence [*Miteinander*] de l'effort
philosophique et de l'influence réciproque, qu'y a-t-il d'autre
sinon l'unité intérieure, celle des « pressentiments » de l'unité
et de l'identité de la philosophie implicitement vivants en eux
tous, à travers des philosophies qui ne sont pas assumées par
tous ? Tout philosophe vit dans l'évidence de l'anticipation de
celle-ci, à travers tous les projets et toutes les philosophies
simultanées, quand bien même rien n'est dit à ce sujet.

Mais si le projet et l'œuvre adoptent au cours de l'histoire
des formes toujours nouvelles tandis qu'un seul et même
but, entrevu avec diverses imprécisions, conçu de diverses
408 manières, existe en toute modification de | l'évidence du
pressentiment, comment la possibilité, la teneur de sens de ce
projet peut-elle se manifester ? Est-ce le cas seulement si l'on
parvient finalement à une réussite définitivement valide ? Ou à
ce que tout philosophe, dans l'intuition évidente et apodictique
devrait reconnaître comme étant « la » philosophie, comme
étant finalement la philosophie ? Cela a peut-être à voir, et ce
dès la mise en forme différenciée du projet au cours de
l'histoire, avec l'évidence selon laquelle l'œuvre elle-même ne
peut être possible qu'en tant que série infinie, à réaliser

progressivement, et synthèse d'œuvres finies. Dans ce cas, la fin du développement serait donc plutôt un commencement, un commencement où l'imprécision de l'idée et de la méthode serait surmontée, où l'œuvre infinie serait effectivement réalisée au commencement et selon une édification continue, l'édification continue d'une tâche toujours infinie de l'infinité ouverte des futures générations de chercheurs. L'évidence du pressentiment se transforme en évidence de la donation de ce vers quoi l'on tend à présent, en évidence véritable de l'expérience.

La teneur de sens téléologique qui en tant qu'unité du pressentiment confère à un développement son unité interne, exige de celui-ci qu'il indique un terme, qu'il s'efforce de parvenir à son terme, qu'il indique à l'avance ce qui donne raison aux évidences vagues par l'aperçu préalable et évident de l'accomplissement apodictique possible, de l'apodicticité donnant satisfaction, qu'il exige ainsi quelque chose de plus, si la téléologie, en tant que tradition, doit être une téléologie effective. Le *télos* qui se transmet par la tradition, le *télos* anticipé et pressenti, que tous s'efforcent en fin de compte d'atteindre, la tâche véritable qui fascine tous les philosophes depuis l'institution originaire, cette tâche qui, dans cette évidence particulière du pressentiment, dans l'apodicticité particulière d'un impératif inconditionnel, fait des personnalités qui font de la philosophie des hommes nouveaux qui consacrent leur vie entière à l'accomplissement de la tâche pressentie, exigent logiquement une véritable méthode permettant cet accomplissement. Tous sont bien à sa recherche. Mais comment est-elle possible, est-elle du reste possible si l'on devait, pour une vie vouée à la philosophie, en rester à cette apodicticité impérative d'une activité philosophique qui ne s'accomplit pourtant – apparemment – que sous la forme naturelle des systèmes au pluriel ? La foi personnelle du philosophe peut-elle du reste y résister ?

L'institution originaire de la tâche philosophique est le premier pressentiment, l'« intuition » qu'elle saisit sous le mode premier de la vague confusion, de l'indéterminité équi-

409 voque. Le πέρας se recule | au cours du développement et n'a pas encore dépassé à travers lui l'ἄπειρον. Il n'est lui-même qu'un mode supérieur de l'ἄπειρον et il semble par conséquent en aller de même pour les œuvres supposées réussies, pour les systèmes. De philosophe en philosophe, de système en système, apparaissent des formes différenciées quant aux problèmes, aux méthodes, aux œuvres. Mais ce n'est pourtant pas comme si un édifice unique, une œuvre croissait et devenait continûment toujours plus accomplie. Car chaque système revendique sa nouveauté et porte à la négative les systèmes précédents. À travers le changement des formes, c'est toujours à la philosophie une et ultimement valide que l'on aspire mais elles ne sont pas des perspectives se complétant corrélativement, au sein desquelles la philosophie se présenterait et par la synthèse desquelles on l'obtiendrait effectivement elle-même de manière évidente.

Historiquement, la multiplicité des systèmes mise au regard de la conviction unitaire de la possibilité de réalisation d'une unique philosophie, de la philosophie, a déjà, très tôt, conduit au scepticisme. Celui-ci n'a pas empêché son développement, il fut même la résistance frictionnelle nécessaire pour le faire aller de l'avant. La critique opposée en retour avait cette forme définitive : le scepticisme adopte lui-même à l'égard de sa théorie des présuppositions relatives à la vérité objective, convaincante pour tout être raisonnable, semblables à celles qu'il nie dans sa thèse. Mais, d'un autre côté, la possibilité de la teneur de sens de la philosophie ne se trouvait pas par là établie et la philosophie devait en venir à un commencement d'accomplissement effectif, sans quoi le scepticisme à l'égard de la possibilité de la philosophie demeurait intact. Ne faut-il pourtant pas tirer de l'histoire de la philosophie cette leçon qu'elle représente une entreprise sans espoir ? Et les choses ne sont-elles pas allées si loin de nos jours que cela soit devenu la conviction générale ? (Et ce, non seulement pour ce qui est d'une philosophie distincte de la science, mais aussi pour ce qui est de ces sciences elles-mêmes. Car que signifie le caractère inattaquable de leurs résultats au regard de leur incapacité à désigner à l'homme la possibilité une existence qui lui donne satisfaction et qu'il puisse vivre apodictiquement comme but, sinon une défaillance des sciences ? Il restera encore à voir en quoi cette objection ne concerne pas seulement une psychologie ou une anthropologie spéciale mais aussi l'ensemble des sciences en général, pour autant qu'elles veuillent vraiment donner lieu à une connaissance du monde.)

L'histoire peut motiver de diverses manières. En regard des motivations sceptiques que nous connaissons déjà, il y a la possibilité d'une motivation positive, | telle qu'elle veuille **410** satisfaire aussi bien ce que la teneur des arguments sceptiques fait valoir que ce qui n'est pas réfuté par ces arguments sceptiques formels, parce qu'ils ne l'atteignent absolument pas. Ils pourraient constituer des naïvetés en tant qu'ils sont les arguments négativistes de l'impossibilité principielle d'une philosophie et non seulement de son désespoir pratique. Mais ne motivent-ils pas vers quelque chose de nouveau et ce, en accord avec l'ensemble de l'observation historique générale du cours du développement naturel au sein de laquelle la philosophie n'advient jamais qu'en des philosophies inconciliables ? [Ne motivent-ils pas] avant tout à une méditation du philosophe sur ce qu'il est, lui le philosophe et sur ce qu'il doit être conformément à son destin ou plus précisément, en vertu d'une vocation intérieure apodictique, sur la manière de devenir finalement et effectivement philosophe, de réaliser finalement et effectivement sa tâche. Il est philosophe – non parce que c'est une belle chose que d'être professeur de philosophie ou de pouvoir devenir un homme célèbre, car si tel est son but véritable, ce but n'est justement pas la philosophie. Elle ne peut être un but qu'au sein d'une vocation, qu'à partir d'un impératif catégorique que ni lui ni quiconque ne peut lui avoir imposé de l'extérieur et son « devoir » apodictique existe en tant que *télos* qui lui est le plus propre, en tant que « but vital » qui lui est le plus propre bien avant qu'il puisse parvenir à se le formuler.

Au début, il dispose de ce *télos* en vertu d'un héritage historique, à partir de la compréhension après-coup de n'importe quelle philosophie transmise historiquement et, d'après ce qui a été dit, en tant qu'héritage du pressentiment s'accomplissant en lui et transmis par lui subrepticement, le saisissant de manière apodictique. [Ce pressentiment] lui ouvre l'ensemble de l'histoire de la philosophie qui s'est déroulée jusqu'à lui et son développement, le développement de toutes les philosophies qui toutes vivent et doivent vivre de manière apodictique un projet pressenti et jamais réalisé sous forme d'œuvre. Un tel philosophe qui s'épanouit dans son système obtient une conviction personnelle – malheureusement seulement personnelle – d'avoir conduit la philosophie sur la voie d'une réalisation ultimement valide, et notre philosophe exemplaire voudrait également déjà s'être accompli personnellement de cette manière et avoir déjà projeté et accompli son système – en tant qu'il est le sien, ce scepticisme provenant du survol d'ensemble de l'histoire et de la certitude inductive de ce destin général des philosophies. Il est philosophe, ce qui signifie qu'il se trouve dans l'apodicticité relative au fait de **411** devoir vouloir la philosophie et dans la contradiction | de ne pouvoir s'y tenir plus longtemps de manière raisonnable au motif de ce scepticisme – si ce motif est véritablement ulti-mement valide. Son devoir-être, son devoir-être procédant d'une auto-responsabilité ultime, absolue, apodictique (des mots qui veulent tous dire la même chose) le motive justement, à cause de la responsabilité, à une méditation : comment se situe-t-il par rapport à ce motif sceptique ? Qu'est-ce qui est donné avec lui ? Faut-il en rester, pour toujours, à toute cette manière de philosopher, à sa manière naturelle, de prime abord inévitable de philosopher qui consiste à vouloir l'accomplir sous la forme de son système ? Cela n'est peut-être pas néces-saire si moi-même, le philosophe, informé par l'histoire, modi-fie intérieurement par ma liberté la « méthode » pour ainsi dire qui a en quelque sorte choisit de réaliser le *télos* « philosophie » comme idée directrice de l'histoire de la philosophie ; c'est-à-dire si je détermine son cours par moi-même à nouveaux frais – moi, en qui précisément ce *télos* trouve le lieu d'une existence effective, d'une force directionnelle pratique apo-dictique. Le *télos* existe depuis le philosophe de l'institution originaire – il existe au titre de ce qui est compris après coup, de ce qui est assumé de manière apodictique par les autres et encore par d'autres –, il constitue l'unité particulière la plus intime de la communauté universelle tous les philosophes dans l'unité de l'histoire. Il est identiquement le même, la même idée, en eux tous, d'une tâche, le pôle identiquement idéal vers lequel ils s'orientent selon une absolue διάθεσις et qui les unit. Ce qui est naturellement premier, ce fait qu'ils forment tous à chaque fois la philosophie en aspirant au but, éven-tuellement en cherchant à s'unir par le biais d'une critique réciproque, se révèle irrémédiable. Je me dois d'en répondre.

Mais ne puis-je pas méditer sur moi-même pour savoir si quelque chose de nouveau n'est pas possible, sans cesser d'être celui que je veux être, parce que je le dois, c'est-à-dire sans renoncer au but ? Méditer sur moi-même ! C'est déjà un nouveau début. Méditer sur soi-même, dans cette situation, est la « possibilité » principielle de mettre en question la philosophie et d'interroger ses conditions. La philosophie est le projet d'une œuvre et chaque projet est celui d'une personnalité (ou d'une communauté personnellement reliée) qui lui prescrit cette voie possible d'exécution. La validité du projet en tant que tel contient en elle la validité de tels chemins de réalisation et avec elle, la possibilité de réalisation. Au lieu, comme c'est si souvent le cas, d'engager l'exécution pratique de manière « irréfléchie » au risque de l'échec parce que les voies supposées ne sont justement pas les voies effectives, je peux préalablement méditer sur moi-même – c'est-à-dire, **412** | clarifier tout d'abord la teneur de sens, la possibilité d'exécution du projet et partant, le projet lui-même. J'inhibe ainsi la certitude préalable et naïve du projet et de ses voix de réalisation. Je la mets hors validité (sans pour autant l'abandonner) et dans cette attitude, j'examine si elle devrait être réalisée effectivement, à quoi cela devrait ressembler en partant de ce qui m'est donné et pour parvenir au but.

Ne puis-je pas procéder de même pour le projet « philosophie » ? Ici toutefois, nous avons l'étrangeté d'une certitude préalable infrangible, d'un semblant d'évidence concernant les voies de réalisation qui se dessinent comme étant des voies possibles, tandis que chaque philosophe qui est le co-responsable de cette intention apodictique intersubjectivement identique poursuit ses propres voies, conquiert par leur intermédiaire sa philosophie que les autres ne peuvent pas reconnaître comme étant la philosophie. Mais ceci exige justement plus ample méditation.

Tout projet d'une personne est un projet dans sa situation, toute question a son sol, toute tâche a un sol. Une question, un projet, une tâche intersubjectivement identique présuppose un sol de questions intersubjectivement identiques en tant qu'évidence allant de soi fondatrice, au sein duquel la teneur de sens du projet s'enracine.

Ici précisément, nous nous heurtons à la propagation positive, indiquée plus haut, du scepticisme sophistique et de tout scepticisme ultérieur. Au fond de leurs arguments, il y a des renvois à l'allant de soi général, présupposé dans toute philosophie, bien qu'il ne soit pas encore thématisé. Le philosophe ne veut pas laisser le monde quotidien de la vie, celui au sein duquel se déroule toute pratique vitale naturelle, celui qu'il a sous les yeux, dans la situation du moment, au titre de certitude interne non problématique, valoir comme étant le monde véritable. Mais les questions relatives à la vérité qu'il pose, les théories, les systèmes qu'il conçoit présupposent son existence et présupposent que les hommes qui pratiquent la philosophie lui appartiennent. Le fait que tout ceci, le fait que ce monde présupposé ne soit, l'un dans l'autre, donné que par des affections subjectives, c'est là une vérité qui précède toutes les théories et, à bien y regarder, qui est présupposée par elles, bien qu'il ne s'agisse pas d'une vérité « philosophique » en leur sens. En cela, en ce que tout étant n'existe que de manière subjective-relative, les sceptiques ont raison et ils ont aussi raison d'en tirer des arguments négativistes dans toutes les particularités de la relativité attestée par eux, si absurde que cela soit.

<L'*ÉPOKHÈ* UNIVERSELLE DE TOUTE LA PHILOSOPHIE
TRADITIONNELLE COMME CRITIQUE DE SES PRÉSUPPOSITIONS>

413 | N'y avait-il pas en cela matière à commencement – à savoir le commencement par l'*épokhè* universelle de toute la philosophie traditionnelle et de toutes les philosophies particulières éventuellement déjà conçues ; puis l'entrée en jeu de la question principielle de la possibilité de la philosophie comme projet, celle qui <vise>, à partir du monde sensible-relatif mais aussi au-delà de celui-ci, une vérité rationnelle spécifique, une vérité théorétique de la « philosophie » ; et à partir de là, la méditation sur les présuppositions qui vont de soi pour un tel projet ?

Dans l'institution originaire comme au cours des époques qui suivent, si l'activité philosophique fait œuvre, à partir de quel « matériau » crée-t-elle ses formations ? Et si cette œuvre est une certaine vérité théorique, c'est-à-dire une vérité universelle pour le monde et donc tout d'abord pour le monde en tant qu'il existe et inclut ceux qui pratiquent la philosophie, et si ce monde doit être son terrain de travail et contenir dans son universalité le matériau et, pour ce qui est des travaux particuliers, tous les matériaux particuliers – qu'en est-il de la connaissance de ce matériau, de ce matériau utilisé et évidemment prédonné ?

N'est-ce pas la particularité paradoxale d'une philosophie – dont la « possibilité » a peut-être précisément pour cette raison ses difficultés – que, parce que la philosophie relève de la responsabilité personnelle, elle ne peut admettre, en tant que connaissance universelle de l'être, aucune évidence préalable, c'est-à-dire aucune sphère ontologique qui n'a pas été expressément interrogée dans la vérité de son être, expressément justifiée et fondée pour devenir ainsi une vérité théorique ? Le sens de la philosophie ne comprend-il pas l'absence de présupposition entendue de telle manière que le philosophe, la subjectivité agissant de manière théorétique, ne peut tout simplement recourir à aucune position d'être qui n'ait pas été examinée et fondée selon sa vérité ? Du reste, si elle doit accomplir son sens paradoxal le plus spécifique, la philosophie peut-elle commencer autrement que par des méditations pour savoir si son projet est possible et en quelle mesure, et quelle est la méthode qui prescrit son sens le plus propre ?

Ce qui est premièrement nécessaire, après que la naïveté de l'activité philosophique spontanée est brisée par le scepticisme, un scepticisme finalement vraiment fondé, ce sont des méditations | du genre justement indiqué. Et celles qui suivent **414** n'en relèvent-elles pas aussi, en lesquelles se précise en même temps quelque chose qui, justement, s'esquisse ?

Nous pouvons d'avance dire : toute œuvre absolument nouvelle dans la vie de l'humanité existe en tant qu'intention de modification d'œuvres déjà données. Par exemple, sont indubitablement des œuvres d'art, au sens où nous l'entendons, des œuvres issues d'une intention pure et consciemment esthétique, auxquelles ne s'ajoutent aucune autre intention, c'est-à-dire des œuvres détachées du monde des intérêts de la vie pratique, quelque chose qui prend sa source dans l'humanité comme intention d'un genre nouveau.

Mais il y a préalablement une pratique au sein de laquelle la forme belle et plaisante n'est qu'un moment purement utilitaire du projet pratique. Quand un art esthétique existe, la formation purement esthétique, en tant qu'elle existe dans le monde de l'art pur, peut servir un intérêt pratique, par exemple servir, en tant que forme esthétiquement belle, d'Assemblée, un bâtiment dont le but pratique est d'abriter le Parlement. Mais même si le sens pratique entre dans l'idée esthétique, celle-ci est pourtant pour l'artiste, dans l'attitude esthétique, une pure intention, qui installe justement l'œuvre dans le monde purement idéal de l'art. Mais celui qui acquiert un art ne dispose pas d'un tel monde, l'esthétisation des buts pratiques n'est pas un but qui a trouvé son indépendance, il ne dispose pas encore du monde des pures œuvres d'art.

Voilà des exemples de la rétroactivité des buts nouveaux en tant que transformations de buts hérités d'un lointain passé, c'est-à-dire dans la sphère de la culture à laquelle appartiennent aussi les sciences et la philosophie. Celles-ci renvoient donc aussi incontestablement, en tant que produits du travail et en tant qu'œuvres, à une origine issue d'œuvres et d'intentions d'œuvres déjà disponibles, déjà accomplies. Si elle est l'intention d'une connaissance universelle et certaine, d'une connaissance définitive, d'une connaissance qui n'est pas bornée et relative comme l'est la connaissance ordinaire, alors cette connaissance précède justement un sens subalterne, un sens qui n'est pas conforme au nouveau besoin.

Ajoutons cependant à ce propos qu'un but nouveau, pour ainsi dire un dépassement, peut être plus ancien, et même de telle sorte que l'on présuppose la possibilité de réalisation comme allant de soi, tandis qu'elle est généralement impossible telle qu'elle était visée en intention. Avant sa réalisation réussie, la nouveauté est indéfiniment vague, on ne dispose encore d'aucune œuvre réussie | relevant de la même catégorie – ainsi en va-t-il peut-être pour la philosophie, dont le sens exigerait une évidence apodictique commune à tous –, elle est nouvelle. C'est seulement au cours de la réalisation que l'on sait si et selon quelles limites de sens il est possible de vouloir quelque chose de ce genre et en quelle mesure le but « fait sens ».

Or la philosophie, telle qu'elle existe depuis l'institution originaire sous forme de philosophies, n'est peut-être du reste pas parvenue si loin qu'elle ait démontré sa possibilité en terme

415

de sens et cela signifie qu'il ne peut y avoir de philosophie existant effectivement à partir des philosophies traditionnelles en général. Il n'existe pas de philosophie, il n'existe pas de science procédant d'une responsabilité ultime et effective sans une méditation portant sur la totalité des présuppositions. Et il n'est d'ailleurs pas exclu qu'il apparaisse un jour que la philosophie n'est du reste seulement possible que si elle transforme d'une certaine manière le sens de sa tâche. Et ce, non seulement parce que certaines des voies de réalisation, initialement co-pensées dans la position de but vague en tant que marges de libertés, sont éliminées et que le sens de la philosophie se trouve ainsi délimité, mais aussi parce que le sens d'ensemble de la « philosophie » se trouve transformé d'une manière nécessaire, c'est-à-dire de telle manière que l'ancien sens ne soit pas abandonné mais qu'il se trouve transformé d'une manière qui lui confère un droit relatif, qui ne peut recevoir de confirmation justificative que par la considération rétrospective et méditative de la transformation.

La critique motivée par la dispersion de la philosophie en philosophies est tout d'abord une critique des présuppositions de sa réalisation – une critique des présuppositions qui constituent, dans les voies explorées, des présuppositions particulières et certaines présuppositions manifestement générales, et d'une manière générale, dans toutes les voies, des évidences tenues pour allant de soi.

En même temps, elle devra manifestement parvenir à se souvenir de la manière dont l'origine, le sens de l'institution originaire de la philosophie était pourtant, dans son imprécision, préformée et de quelle manière la formation originaire [*Urformung*] déterminait toutes les formations ultérieures et de quelle manière les systèmes advenus l'ont relayé. Dans toutes ces configurations, comme nous l'avons montré, le sens apodictique de toute philosophie se trouve dissimulé en tant que sens qui s'exprime à travers toutes les transformations de cette réalisation et dans les philosophies qui ne sont pas reprises, fondant la conscience d'ensemble de la philosophie en tant que but d'une vie commune.

416   La critique logique et immanente des systèmes, | l'investigation de leurs inconséquences internes, c'est-à-dire de leurs contradictions logiques, ne nous paraissent toutefois pas essentielles.

Les « réfuter » de cette manière ne veut pas dire que l'on s'attaque au sens propre de leur philosophie lequel, dans le cas d'une meilleure constitution logique, s'énoncerait certes dans des propositions différentes, mais sans que cela ne modifie son style, qui seul importe ici – le style d'une philosophie spontanée et naïve, qui ne questionne pas le sol des évidences tenues pour allant de soi qui la supportent, et qui ne donne pas satisfaction à l'idée d'une philosophie en tant que connaissance absolument universelle de l'étant, aussi longtemps qu'il y a pour elle des évidences tenues pour allant de soi qu'elle présuppose tout simplement de manière non-questionnée, informulée, non-délibérée.

S'agit-il d'une exubérance ? La philosophie, avec de telles prétentions, a-t-elle un sens ? Ce ne sont pas des questions que l'on peut régler avec des disputes formelles et vides, mais elles sont précisément l'affaire d'une réflexion relevant d'une responsabilité ultime, une réflexion qui se tient sous cette *épokhè*, qui confère son sens à la méditation radicale.

On ne peut pas vivre dans l'apodicticité personnelle de la tâche d'une vie, d'un impératif absolu, si la possibilité d'une telle vie, celle qui remplit cette tâche, se trouve menacée par le contresens. Cela ne concerne toutefois pas la constitution logique interne des systèmes, mais leur naïveté. Il la voit, et toutes les difficultés, celles qui doivent être caractérisées en tant que problèmes dus à une absence de présuppositions, la critique spécifique des présuppositions, c'est-à-dire l'univers des présuppositions, qui demeurent et doivent demeurer non questionnées pour une philosophie naïve en général.

Une autre critique, plus spécifique, est celle de la transformation des formes de projets et avec elles, des philosophies au cours de l'histoire. Elle ne concerne naturellement pas la vérité ou la fausseté de ces projets pour ainsi dire patents. Ici, il s'agit plutôt, dans cette considération critique (au sein de cette *épokhè*), de donner au sens de l'institution originaire pris dans son imprécision première une expression et un contenu conceptuel, et de regarder à partir de là comment il se maintient au cours de l'histoire et ne se détermine que plus précisément. Il s'agit de voir comment, dans une sorte de renversement institutif [*Umstiftung*], un sens nouveau fait irruption dans l'histoire en tant que particularisation supposée de transformations et détermine des séries évolutives – les philosophies naïves. Ce qui ne parvient pas à se dire dans cette naïveté ou, si cela se produit, ce qui n'exprime pas de manière appropriée la nouvelle intention effective | et spécifique, ce qui ne peut être 417 déduit que de la seule philosophie advenue, c'est ce que l'on doit faire ressortir et rendre explicite avec évidence et d'une manière aussi précise que la nature des choses le permet.

Un tel travail, qui n'est encore que sur la voie qui conduit de l'historicité externe à l'historicité interne, celle qui est d'ordre téléologique, a en un sens une grande signification : en effet, c'est seulement par ce biais qu'une histoire externe et féconde de la philosophie devient possible. Je songe à une histoire de la philosophie qui ne décrit pas seulement les systèmes dans leur succession (sur la base de la critique historico-philologique) et selon la sorte de traditionalité que l'on constate apparemment à la considération des concepts, des propositions et des théories singulières, ainsi que les différences d'écoles et d'orientations qui doivent être apparemment constatées, mais aussi, plus profondément, qui rend intelligible les différences principielles, nécessairement déterminées par les institutions originaires et nouvelles, entre les tentatives de connaissances du monde. C'est ainsi seulement que ce qui s'est effectivement passé en tant qu'histoire de la philosophie se révèle au plan de l'historicité humaine. À cet égard, notre représentation qui avait cours jusqu'à présent peut servir d'esquisse exemplaire et de première tentative, même si elle serait à poursuivre. Mais la signification de cette « critique », de cette découverte et de ces précisions à venir quant au projet, aux orientations de sens manifestes des mouvements philosophiques, au renversement de sens radical dans l'histoire de la philosophie s'étend encore bien plus loin.

Je songe aux formules toutes faites du « dogmatisme » et du « criticisme », à l'opposition soulignée entre l'objectivisme naturel-mondain et le transcendantalisme – ce que le criticisme critique, ce qui joue constamment à partir de lui un rôle en tant que « critique », cela repose sur des présuppositions universelles avec lesquelles les philosophes opèrent. Et de cette manière, il existe déjà, au sein de l'histoire de la philosophie une motivation qui perce, quoiqu'imparfaitement, une motivation qui a pour objet de porter à la conscience la naïveté comme telle, de mettre en relief de manière critique les présuppositions fondamentales de toute philosophie et du reste finalement de toute la philosophie et d'en faire un problème.

Les tournants, les moments de rupture dans l'histoire (comme celui du moyen-âge à la modernité) sont en même temps ces moments où une motivation pour une reprise de sens nouvelle, des plus radicales, devient perceptible, des moments où la possibilité et la forme authentique du sens **418** | deviennent problématiques pour une philosophie (je songe à nouveau à Descartes). Il est ainsi plus en profondeur, au sens qui vient d'être indiqué, s'offrant à la compréhension, une histoire de la philosophie et des tournants qui s'expliquent à travers elle, qui est en même temps une préparation précieuse pour nous disposer, comme nous allons le montrer, au travail colossal du problème des présuppositions ultimes et de l'apodicticité, par la résolution duquel seul le problème philosophique encore plus grand, celui de la clarification de la teneur de sens véritable de la philosophie et de sa méthode de commencement et de développement en tant de *philosophia perennis* peut être distingué, ou plus précisément résolue.

Mais la décision ne se produit d'un seul coup qu'avec l'édification effectivement apodictique et concrète. S'il doit en être effectivement ainsi, pour le dire plus précisément, si nous devons y parvenir ultérieurement, alors l'histoire de la philosophie – de la philosophie – prend un nouveau visage. Avec la réalisation d'un tel commencement, d'un commencement nouveau, ce qui est prouvé, ce n'est pas la certitude apodictique dans le domaine de la pratique, avec laquelle vit le philosophe au cours de sa tâche vitale. Mais <il> se comprend, il la comprend maintenant seulement de manière authentique et il dépasse le tragique dont il prenait déjà conscience, celui d'une volonté inconditionnée qui voit pourtant apparemment se dessiner un échec éternel.

Dans cette compréhension, ce qui se révèle, c'est la téléologie de l'histoire de la philosophie, ce sont les mouvements factuels et les enchaînements des philosophies factuelles dans leur naïveté et dans leur motivation vers l'*épokhè* et vers le renversement à travers une méditation radicale et nouvelle, en tant que conséquences d'une idée germant dans l'institution originaire, trouvant sa forme définitive dans le dévoilement, dévoilant son *télos*, un idée qui, en tant que telle, n'a pas d'existence dans le monde des relativités. Elle produit une causalité en tant que puissance déterminant de manière décisive l'ensemble de l'histoire et conférant à sa diversité unité et totalité et donc homogénéité. La philosophie n'est peut-être que l'exemple d'une vérité universelle selon laquelle l'histoire la plus profonde et la plus véritable est celle qui se déroule dans l'histoire habituelle des complexes de motivations extérieurs en tant qu'histoire des idées, en un sens qui est tout d'abord à clarifier pour la philosophie ? Mais la philosophie ne devrait-elle pas être la science universelle de l'étant – et par conséquent aussi de l'être des idées et de leur activité idéelle ? Si nous conduisons cette méditation radicale sur la philosophie à bon terme et ainsi au commencement de la philosophie, cette philosophie ne doit-elle pas aussi, au cours de son développement nécessaire, se révéler comme **419** philosophie des idées, | comme philosophie de l'histoire ? Mais ce sont là déjà, dès que l'on envisage leur possible sens universel, des questions difficilement concevables dans la mesure où ce sont des questions ouvertes et ce n'est pas le lieu pour en prendre parti.

J'ajoute encore une remarque. Manifestement, une autre façon de considérer, ou plus précisément de critiquer les philosophies sera possible, mais seulement si la philosophie prouve sa possibilité dans la réalité et si la manière de sa réalisation en tant que processus infini rend toutefois possibles des décisions universellement « idéologiques » : à savoir, une critique des philosophies historiques dont on peut tirer profit. Si elles ne sont aussi en aucune manière des perspectives de la philosophie (à chaque fois à partir de la subjectivité philosophique correspondante) et ensuite possibles sur le mode de perspectives authentiques des auto-représentations de la philosophie, et ensuite seulement en tant qu'auto-représentation – tout de même qu'une chose sensible n'est pensable qu'en tant qu'elle existe là en elle-même, c'est-à-dire dans la diversité perceptive et sous les perspectives qui se présentent –, les philosophies historiques sont pourtant en un autre sens des formes inachevées au sein desquelles néanmoins l'idée elle-même s'exerce et elles portent ainsi en elle, à travers toutes les dissimulations de la vérité proprement dite, des prémices de la vérité et ainsi des ébauches, des éléments de la vérité authentique. Elles ont pourtant quelque chose qui s'apparente aux perspectives, elles ne se transforment jamais en sottises, elles contiennent leur propre droit, celui de la vérité de leur situation, au sein de laquelle beaucoup de choses, et des plus importantes demeurent cachées, tandis que ce qui se retentit positivement conserve sa position au sein du contexte onto-logique et gnoséologique absolument universel, sa légitimité relative, son sens authentique explicité. Au regard de cette critique profitable, la critique des nombreux points de vue est complètement dénuée de valeur.

Il résulte de nos premières réflexions, déterminantes pour la suite de notre démarche, que dans cette libre *épokhè* et du point de vue de l'observateur impartial de toute philosophie et de la philosophie au sens propre, notre tâche doit consister à faire ressortir la totalité des évidences tenues pour allant de soi en tant que sol d'ensemble à partir duquel seulement le pro-blème, l'intention de la philosophie trouve sens – lorsqu'elle le trouve, lorsqu'elle en a la possibilité. J'ai dit : la totalité. Dussè-je ne pas employer ce terme, cela signifierait que les évidences tenues pour allant de soi qui appartiennent à l'intention d'une philosophie, seraient éparpillées, incohé-rentes, insaisissables et que l'intention serait par conséquent elle-même déjà orientée.

| Étant donné qu'il serait manifestement absurde de vouloir **420** critiquer de part en part toutes les philosophies depuis le point de vue en question, comment devons-nous procéder ? Lesquelles faut-il choisir pour accomplir, à partir d'elles, la question en retour dirigée vers leur sol dernier et réaliser ainsi, en même temps, la signification exemplaire de cette

attestation, de cette découverte, selon laquelle la totalité qui s'atteste ici ne peut qu'être celle de toute la philosophie ?

Il faut s'attendre à ce que les points de rupture de l'histoire – ses systèmes – qui nous sont par principe jusqu'à présent déjà connus, bénéficient précisément d'un traitement de faveur, ainsi que les doctrines systématiques qu'ils ont inspirés. Considérons donc, avant tout, l'institution originaire de l'idée moderne de la philosophie chez Descartes (qui est en même temps la destitution de l'idée antique de philosophie) et plus avant, ses développements jusqu'à Kant. Puis Kant lui-même en tant qu'il institue originairement la philosophie transcendantale d'un genre nouveau. Ainsi avons effectivement fait notre choix. Aussi parlerons-nous à nouveau, sous cet angle, de Descartes, afin d'approfondir encore sur des points essentiels les intuitions principielles dont nous avons besoin et que nous avons déjà gagnées, jusqu'à un certain degré.

\<LA DISTINCTION ENTRE
INSTITUTION ORIGINAIRE ABSOLUE
ET INSTITUTION ORIGINAIRE RELATIVE\>

| En ce qui concerne la téléologie dans l'histoire ou dans le **421** domaine particulier de la culture philosophique, il importe de différencier le concept d'institution originaire et de distinguer l'institution originaire absolue, authentique, de l'institution originaire relative, venant après coup, au sein de laquelle un sens téléologique devenu déjà traditionnel à partir de l'institution originaire antérieure reçoit une nouvelle forme, qui prend désormais \<sens\> en tant qu'institution originaire pour un enchaînement de développements où, éventuellement, elle s'accomplit finalement. C'est ainsi que le néokantisme rapporte Kant à Descartes (cf. la belle interprétation de Descartes par Natorp) et voit en Descartes les germes de ce qui s'accomplit chez Kant (par le biais de la philosophie intermédiaire) et plus parfaitement encore dans le néokantisme de l'école de Marburg. Mais le développement ne se poursuit-il pas ? Qu'est-ce qui provoque une continuation du développement, malgré la réalisation de l'intention originairement instituante ?

Voici la réponse à cette question : une position de but individuelle régie la vie jusqu'à ce qu'elle soit réalisée ou bien jusqu'à ce que le caractère inaccessible du but apparaisse en tant que tel dans le résultat finalement obtenu, comme quelque chose d'évidemment impossible. S'assigner un but de vie, un but omni-englobant est possible dans la mesure où les hommes se l'assignent effectivement. Mais la question de savoir si cela fait effectivement sens et comment, par la transformation de la position de but originelle (en tant qu'elle se révèle absurde, comme dans le cas de l'eudémonisme sensible), celle-ci se trouve remplacée par une position de but qui fait pleinement sens de manière évidente et ce malgré l'infinité des moyens, c'est là le thème éthique, celui de la vie éthique continuelle, et cela relève de la généralité théorique, celle de la théorie éthique.

Il est ensuite clair que même là où une intersubjectivité historique | domine de part en part à partir de l'unité d'une intention, d'une idée téléologique et se trouve unifiée sur un mode suprapersonnel, il faut tout d'abord se demander si cette idée admet une quelconque possibilité de réalisation, si elle fait pleinement sens et si elle n'est pas insensée (au sens strict du terme). En ce qui concerne la philosophie, il s'avère qu'elle ne peut manifestement se réaliser dans l'enchaînement vital [*Lebenszusammenhang*] de l'humanité (en tant que celui-ci se trouve fondé, depuis la générativité originelle, dans son historicité et en tant qu'il se poursuit continuellement) qu'à travers une institution originaire – dans les faits, celle des Grecs milésiens. À partir de là, nous avons une histoire unitaire de la philosophie, téléologiquement unitaire dans la mesure où l'intention originairement instituante se transmet en elle et dans la mesure où cette intention originaire est toujours, par-delà toutes les transformations, une intention tournée vers ce but, celui de la « philosophie ».

Naturellement, cette question peut et doit être posée, la question qui est à poser à l'égard de tout projet pratique, la question de savoir si le projet, somme toute, fait pleinement sens ou s'il est insensé et il s'agit manifestement de la question qui est du devoir du philosophe, et même de tout philosophe sérieux, la question d'une fondation radicale de la science, c'est-à-dire d'une fondation radicale de la philosophie. Ce radicalisme du philosophe qui assume la tâche historiquement transmise, qui veut donc être philosophe et qui pourtant pose avant toute chose l'exigence de la fondation de l'ensemble de la philosophie sur un fondement absolu, ou, ce qui n'est essentiellement qu'une seule et même chose, qui veut s'attaquer sérieusement à la tâche de la philosophie, après qu'il s'est convaincu de sa possibilité pleinement pourvue de sens, ce radicalisme ne voit le jour qu'avec Descartes.

C'est là ce qui confère une signification unique à une réalisation pure et effective de l'intention cartésienne, elle-même préalablement clarifiée et lavée des mésinterprétations. Et ce en effet en ce que l'éventuelle réalisation pure du projet cartésien purifié ne réalise pas seulement une institution originaire relative, mais réaliserait aussi l'institution originaire absolument originelle de la philosophie grecque et ce faisant, le projet de la philosophie elle-même et ce, pour toujours.

Cela paraît énorme. Mais toute science positive ne constitue-t-elle pas un rameau de la philosophie universelle, une tâche infinie et, en tant que science rigoureuse, un système infini, un système de la réalisation de cette tâche se poursuivant à l'infini ? N'est-ce pas précisément quelque chose d'inouï dans l'histoire universelle, | qu'en elle, avec la **423** philosophie, avec l'idée d'une science universelle et les idées spécifiques des sciences particulières, l'idée d'une tâche infinie fasse irruption ? N'est-ce pas comme si l'homme, l'humanité n'avait connu et ne pouvait connaître auparavant aucun but infini (même celui d'une tâche vitale infinie pour l'individu particulier) ?

Il en résulte aussi que l'idée d'une réalisation de la tâche « philosophie » n'a pas le sens d'un but pratiquement accessible au sens habituel du terme, le sens d'une opération finie, mais celui du commencement et de la continuation de la production authentique et effective d'opérations fondées systématiquement les unes sur les autres et fonctionnant comme les prémices nouvelles de nouvelles opérations authentiques, et ce, *in infinitum*. La géométrie, pour revenir sur l'exemple premier, guidant exemplairement l'humanité, nous faire apparaître de manière évidente, depuis qu'elle est à l'œuvre, que l'infinité du travail, le travail de l'infinité ouverte des générations vers la réalisation d'une tâche infinie, n'est pas une absurdité pratique, mais qu'elle le serait seulement si le sujet mathématicien isolé voulait donner naissance à une mathématique. Il devient ainsi compréhensible que la réalisation de la fondation originaire relative cartésienne serait en fait la première fondation originaire absolue, au sein de laquelle la philosophie se trouve conçue comme une tâche pour l'humanité. Ceci, il est vrai, sous la présupposition que la possibilité de réalisation principielle de cette tâche qui ne se présente que sous des formes obscures et qui pourtant se présente, puisse devenir impérieusement évidente. Et ceci présuppose à nouveau naturellement qu'il est possible, dans l'attitude du questionnement radical, de porter en pleine clarté le projet même et ce faisant, *eo ipso*, d'esquisser les voies possibles, la méthode de la réalisation.

\<POUR UNE CRITIQUE
DES *IDÉES DIRECTRICES... I*\>
\<Été 1937\>

\<CORRECTION TERMINOLOGIQUE
DE LA « MODIFICATION DE NEUTRALITÉ »
EN « MODIFICATIONS SUR LE MODE DU COMME-SI »\>

| Il va de soi, à nouveau, que les actes modalisants sont **424** instituants à l'égard d'une nouvelle strate, à savoir que l'*ego*, avec l'acte du doute, institue un doute durable, par lequel je suis continûment, même si je dirige mon attention vers quelque chose d'autre, celui qui doute. Par conséquent, « je doute » ne signifie par principe pas seulement « je viens d'accomplir un acte de doute » – et cela vaut partout.

Du reste, toutes les modalisations, rapportées à l'acte et à l'habitus qui sont leurs modes originaires, forment un espace fini de modifications motivées. Tout à fait à l'écart de celles-ci, il y a le domaine des actes de l'imagination, ou pour le dire plus clairement, des actes sur le mode du comme-si.

Cette modification du comme-si se distingue de tous les actes effectifs, les actes « positionnels » par lesquels l'*ego*, à partir de son accomplissement, prend effectivement position. Tout acte (qu'il s'agisse d'un acte qui représente un mode originaire ou d'une modalisation) a son pendant en tant que comme-si possible et moi, l'*ego* de l'accomplissement de ces actes sur le mode du comme-si, je ne me rapporte pas par eux au monde effectif, c'est-à-dire à celui qui vaut tout simplement, à chaque fois, comme monde environnant, ce monde qui vaut pour moi dans son temps effectif (qui vaut de manières différentes comme monde du présent, comme monde du passé). Au contraire, je suis l'*ego* imaginant, accomplissant l'imagination, me rapportant à travers des quasi-actes à un monde environnant imaginé, à un monde valant sur le mode du comme-si.

425 |Dans les *Idées directrices...*[1], j'ai eu recours à l'expression de « modification de neutralité » pour désigner ces modifications sur le mode du comme-si, expression qui convenait mal, comme je m'en aperçu plus tard.

<LE PROBLÈME DE L'INTRODUCTION À LA PHILOSOPHIE PHÉNOMÉNOLOGIQUE TRANSCENDANTALE>

J'ai conçu différents projets d'introduction à la philosophie phénoménologique transcendantale. Dans les *Idées directrices...*, je voulais, pour ainsi dire, introduire d'un saut la réduction phénoménologique et permettre ainsi au lecteur de se projeter vers le nouveau champ de travail de la philosophie

---

1.[*Cf.* E. Husserl, *Ideen zu einer reinen Phänomenologie und phänomenologischen Philosophie*, *op. cit.*, p. 247 *sq.* [*Idées directrices pour une phénoménologie et une philosophie phénoménologique pures*, *op. cit.*, p. 366 *sq.*]]

phénoménologique, à partir duquel il s'agit dès lors d'apprendre un nouveau « voir », une expérience nouvelle et corrélativement une pensée nouvelle, de gagner de cette manière progressivement une science d'un genre nouveau. De telle sorte que, après que l'on a finalement atteint le système entier des problèmes qui se découvrent, c'est-à-dire la structure totale du domaine de ces problèmes, on prend connaissance du fait qu'aucun problème authentiquement philosophique n'est pensable qui ne soit compris dans cet univers et qui ne puise en lui son sens principiel ultime et sa méthode de résolution.

Dans les *Idées directrices...* [1], le débouché était le « concept naturel de monde ». Il s'agit du concept du monde de « l'attitude naturelle » ou, comme je le formulerai de préférence maintenant : il s'agit du monde de la vie pré- et extra-scientifique, ou le monde qui est, qui a déjà été et qui sera encore, pour toute notre vie d'intérêt pratiques et naturels, le champ constant de nos intérêts, de nos buts, de nos actions.

Ce monde, que nous tenons pour allant de soi au quotidien, qui nous est familier dans sa forme générale et selon sa typique qui nous est devenue familière au cours de notre vie, n'a été que très grossièrement décrit dans les *Idées directrices...*, bien qu'il fût expressément souligné | que la tâche d'une analyse 426 et d'une description systématiques de ce monde mouvant, héraclitéen, soit un problème énorme et difficile. Je m'en étais déjà occupé, depuis des années, mais je n'étais jamais allé assez loin pour pénétrer dans son universalité. Nous verrons que ce monde de la vie (considéré à toute époque) n'est rien

---

1. [E. Husserl, *Ideen zu einer reinen Phänomenologie und phänomenologischen Philosophie*, *op. cit.*, p. 56 *sq.* [*Idées directrices pour une phénoménologie et une philosophie phénoménologique pures*, *op. cit.*, p. 87 *sq.*]]

d'autre que le monde historique. À partir de là, on conçoit qu'une introduction complétement systématique à la phéno-ménologie commence et doive être traitée comme un problème historique universel. Si on introduit l'*épokhè* sans la théma-tique historique, le problème du monde de la vie, c'est-à-dire celui de l'histoire universelle, arrive ensuite par derrière. L'introduction aux *Idées directrices...* conserve bien tous ses droits, mais je considère à présent la voie historique comme étant plus principielle et plus systématique.

LEXIQUE

A

Abwandlung : modification.
abwegig : aberrant, erroné.
Arbeitsweg : méthode de travail.
Auferstehung : résurrection.
Aufweisung : attestation.
Ausführung : exécution, réalisation.
Auslegung : interprétation.

B

Besinnung : méditation.
bezeugen : témoigner, attester.
bleibend : permanent.

E

Eigenwesentlichkeit : essentialité propre.
einsetzen : mettre en place, mettre en œuvre.
Einsicht : intuition évidente.
Einstellung : attitude.
endgültig : définitif.
entheben : délivrer.
Entstehen : naissance.
Entwerten : dévaloriser, dévaluer.

erfolgen : se produire.
Erfüllung : remplissement, accomplissement.
Erkenntnisbegriff : concept gnoséologique.
Erlebnisstrom : courant d'expérience vécue.
Erweisen : manifester.
Erwerb : acquis.
Erwirken : production.
Erzielung : obtention, réalisation.

F

formal : formel.
Fortgeltung : validité continuée.
Fortplanzung, fortplanzen : propagation, propager.
Freiheitshaltung : préservation.

G

Gehalt : teneur.
Gemeinschaftsleben : vie communautaire.
Geschichtlichkeit : historicité.
Gewilltheit : disposition.

H

Handlen : agir.
hervorheben : mettre en avant, mettre en relief.
Hintendieren : tendance.

I

im Philosophierenden : dans l'acte de philosopher.
Inhalt : contenu.
Iterativität : itérativité.

K

Kulturgestalt : forme de culture.

L

Lebenszweck : but de vie.
Leistung : prestation, opération.

M

Mitmensch : semblable.
Mitteilung : communication.
Motivations-Kausalität : causalité motivationnelle.

P

Phantasie : imagination.
Philosophieren : activité philosophique.

S

Seinssphäre : sphère ontologique.
Selbstverständlichkeit : allant de soi, évidence tenue pour allant de soi.
Sosein : être-tel.

T

Tätigkeit : activité.
Tatsachengeschichte : histoire factuelle.

U

Übernahme : assomption.
Übertragung : transfert, transmission.
umbildend : transformant.
Umwendung : renversement.
Unklarheit : manque de clarté, confusion.
ursprünglich : originel, originellement.
Ursprungssinn : sens originel.
Urstifend : originairement instituant.

Urstiftung : institution originaire.

V

Vagheit : imprécision.
verhandeln : débattre.
verharrend : persistant.
Vermögen : faculté.
Verunklärung : obscurcissement.
verweisen : renvoyer.
verwirklichen : réaliser.
Vollzug : accomplissement.
Vorgedanke : préconception.
Vorgehen : manière d'agir, procédé.
Vorgewissheit : certitude anticipatrice.
Vorhabe : projet.

W

Welterkenntnis : connaissance du monde.
Wille : volonté.
Willensakt : acte de la volonté.
Willensmeinung : intention volontaire.
Willensthesis : thèse de la volonté.
Willensziel : but volontairement déterminé.
Wir-Gemeinschaft : communauté à la première personne du pluriel.

Z

Zweckidee : idée téléologique.
Zwecksinn : sens téléologique.

TABLE DES MATIÈRES

Imprimerie de la Manutention à Mayenne (France) - mars 2014 - N° 2151957H
Dépôt légal : 1er trimestre 2014